O Senhor
PREPARA A SUA MESA

O SENHOR
PREPARA A SUA MESA

BRUNO CARNEIRO LIRA, OSB

O Senhor
PREPARA A SUA MESA
Um estudo das Orações Eucarísticas

Dados Internacionais de Catalogação na Publicação (CIP)
(Câmara Brasileira do Livro, SP, Brasil)

Lira, Bruno Carneiro
O Senhor prepara a sua mesa : um estudo das orações eucarísticas
/ Bruno Carneiro Lira. -- São Paulo : Paulinas, 2020.
128 p. (Coleção serviço à vida)

ISBN 978-85-356-4606-1

1. Igreja Católica - Liturgia 2. Eucaristia - Orações e devoções
I. Título

20-1468 CDD 264.023

Índice para catálogo sistemático:

1. Liturgia - Orações eucarísticas 264.023

Angélica Ilacqua - Bibliotecária - CRB-8/7057

1ª edição – 2020

Direção-geral:	*Flávia Reginatto*
Editora responsável:	*Vera Ivanise Bombonatto*
Coordenação de revisão:	*Marina Mendonça*
Copidesque:	*Ana Cecilia Mari*
Revisão:	*Sandra Sinzato*
Gerente de produção:	*Felício Calegaro Neto*
Capa e diagramação:	*Tiago Filu*

*Nenhuma parte desta obra poderá ser reproduzida ou transmitida
por qualquer forma e/ou quaisquer meios (eletrônico ou mecânico,
incluindo fotocópia e gravação) ou arquivada em qualquer sistema ou
banco de dados sem permissão escrita da Editora. Direitos reservados.*

Paulinas
Rua Dona Inácia Uchoa, 62
04110-020 – São Paulo – SP (Brasil)
Tel.: (11) 2125-3500
http://www.paulinas.com.br – editora@paulinas.com.br
Telemarketing e SAC: 0800-7010081

© Pia Sociedade Filhas de São Paulo – São Paulo, 2020

Este livro é a minha homenagem ao
XVIII Congresso Eucarístico Nacional
a ser realizado em Recife (PE),
de 12 a 15 de novembro de 2021.

"Pão em todas as mesas."

Dedico à Congregação das Irmãs Filhas de São Paulo e a seus colaboradores; nossa Editora Paulinas de sempre.

A Sabedoria edificou a sua casa sobre sete colunas
e preparou o vinho e a mesa
(cf. Pr 9,1-2).

O que eu recebi do Senhor, foi isso que eu vos transmiti:
na noite em que foi entregue, o Senhor Jesus tomou o pão e,
depois de dar graças, partiu-o e disse: "Isto é o meu corpo
que é dado por vós. Fazei isto em minha memória".
Do mesmo modo, depois da ceia, tomou também o cálice e disse:
"Este cálice é a nova aliança, em meu sangue.
Todas as vezes que dele beberdes, fazei isto em minha memória".
Todas as vezes, de fato, que comerdes
deste pão e beberdes deste cálice,
estareis proclamando a morte do Senhor,
até que ele venha
(1Cor 11,23-26).

SUMÁRIO

Prefácio 11

Apresentação 17

1. A Ceia do Senhor 21

2. As partes de uma Oração Eucarística 27

3. Alguns Prefácios 35

4. Estudo das Orações Eucarísticas 49

5. O Amém final 87

6. Sugestão de uma Oração Eucarística para
o Dia Mundial dos Pobres 93

7. Notas pastorais 101

8. Adoração Eucarística 107

9. Sim, irei ao altar do Senhor 117

Hino do XVIII Congresso Eucarístico Nacional 121

Oração do XVIII Congresso Eucarístico Nacional 125

PREFÁCIO
"Corações ao alto!"

No rito latino, é com a expressão "Corações ao alto" que a Igreja inicia o prefácio das Orações Eucarísticas. Essa expressão me vem ao espírito e quero sugeri-la aos irmãos e irmãs que começarão a ler este sugestivo livro do meu confrade Dom Bruno Carneiro Lira, osb, *O Senhor prepara a sua mesa: um estudo das Orações Eucarísticas.*

Esse monge beneditino, cearense de Sobral, cidade sede da minha primeira Diocese que tanto amo, e pernambucano de adoção, inclusive membro da Academia Olindense de Letras, já tem diversos livros publicados. É conhecido por suas obras em torno dos temas da espiritualidade, Liturgia, temáticas pastorais, educação e linguística. Graduado em Filosofia e Teologia pela Escola Teológica do Mosteiro de São Bento de Olinda (PE), é licenciado em Letras pela Universidade Federal de Pernambuco (UFPE) e mestre em Ciências da Linguagem pela Universidade Católica de Pernambuco (UNICAP). Em livros anteriores, como *A Virgem*

Maria no Ano Litúrgico e *Encontro com Cristo, vencer o medo e viver de esperança,* já procurava unir Liturgia, Teologia e espiritualidade. Agora nos presenteia com este estudo das Orações Eucarísticas que ocupam o centro da Liturgia Eucarística.

Como um irmão que nos toma pela mão e nos conduz pelos caminhos mistagógicos da Teologia litúrgica, ele nos introduz na linguagem do antigo Cânon Romano (Oração Eucarística I). Depois, revela-nos a simplicidade sóbria e a beleza da Oração Eucarística II, tomada quase ao pé da letra da antiga Tradição Apostólica, atribuída a Santo Hipólito de Roma. Comenta, de forma singela, a Oração Eucarística III, que, em sua linguagem, parece dialogar com algumas sinaxes eucarísticas orientais e tem expressões que encontramos na Teologia de São Basílio Magno. Mostra como a grande Oração Eucarística IV retoma toda a história da salvação e tem uma linguagem teológica que reflete mais a sensibilidade teológica e espiritual dos dias atuais. Também comenta a Oração Eucarística V, acrescentada em nosso Missal a partir do Congresso Eucarístico de Manaus (1970). Essa oração deve muito ao gênio poético e artístico do saudoso Padre Jocy Rodrigues, um dos primeiros pastoralistas que, do Maranhão, ainda nos anos 1960, procurava traduzir a Liturgia e os Salmos bíblicos em linguagem popular.

Depois, em um capítulo próprio, Dom Bruno nos introduz nas mais recentes Orações Eucarísticas alternativas e consagra ainda um capítulo especial ao Amém que encerra a Doxologia da prece eucarística. O livro se conclui com Notas Pastorais e com um belo texto sobre o "Irei ao altar do Senhor", além do Hino e a Oração do XVIII Congresso Eucarístico Nacional que se realizará em nossa Arquidiocese de Olinda e Recife, de 12 a 15 de novembro de 2021.

Penso que este livro de Dom Bruno poderá nos ajudar muito na preparação do Congresso Eucarístico. Ele testemunha a tensão permanente que existe entre o sacramento e o seu significado, entre o sinal e a realidade que o sinal indica. A salvação que Jesus anuncia pede dos discípulos adesão amorosa ao projeto do Reino de Deus. Conforme o Evangelho, logo após o batismo, a primeira palavra de Jesus foi: "O tempo está completo. Convertei-vos. O Reino de Deus chegou" (Mc 1,15). E, no sermão da montanha, ele acrescenta: "Procurai o Reino dos céus e a sua justiça e tudo o mais virá por acréscimo" (Mt 6,33). Essa justiça divina se expressa na misericórdia e na partilha, elementos primeiros do Reino.

A Eucaristia deve sinalizar essa nova forma de organizar a sociedade e o mundo. A Igreja reunida em assembleia é sacramento do Reino. A Eucaristia, como diz Santo Agostinho, é, antes de tudo, a comunidade reunida no louvor e na partilha. O santo bispo de Hipona ensinava aos neófitos:

> Se vós sois o corpo de Cristo e seus membros, o que está colocado na mesa do Senhor é o sacramento (*Mysterium*) do que vós sois. Vós recebeis o sacramento do que vós sois. É ao que vós mesmos sois que, na comunhão, respondeis amém. Essa resposta é a vossa assinatura. Então, torna-te

membro do corpo de Cristo, para que este amém seja verdadeiro (*Sermão* 272, 1, ed. J. P. Migne – PL 38).

O pão é o sacramento do corpo de Cristo, que é a Igreja. Na Eucaristia, ao nos dar em comunhão o seu próprio corpo, ele nos pede que, como Igreja, nos esforcemos para partilhar o pão nosso de cada dia, o sustento diário que, em cada Pai-Nosso, pedimos a Deus que não nos falte. É vocação de toda a Igreja fazer com que a Eucaristia seja realmente pão para todas as mesas (texto-base do XVIII CEN, p. 13).

É o que nos lembra o Papa Francisco, quando afirma:

> A Eucaristia nos reconcilia e nos une, alimenta a vida comunitária e gera gestos de generosidade, perdão, confiança e gratidão: significa ação de graças, nos educa à primazia do amor e à prática da justiça e da misericórdia (Discurso na Praça de São Pedro aos peregrinos das dioceses italianas de Bolonha e Cesena, em 21 de abril de 2018).

Como seria importante que o nosso XVIII Congresso Eucarístico não fosse apenas ocasião de belas cerimônias, mas pudesse ser sinal e testemunho desse compromisso da Igreja com a transformação do mundo.

Na apresentação do livro, Dom Bruno afirma: "Participar da Eucaristia é a atividade mais importante que o cristão católico faz em seu cotidiano, pois é a antecipação do futuro, ou seja, o próprio céu já na terra". Ele tem muita razão e toca em um ponto no qual a tradição oriental insiste mais do que a nossa: é preciso olhar a Eucaristia não somente como a memória da Última Ceia de Jesus, mas também como antecipação do Reino futuro que nós esperamos. De fato, no domingo de 20 de outubro de 2019, os bispos da região amazônica, presentes em Roma para o Sínodo dos Bispos sobre a Amazônia, com missionários e religiosas atuantes na região, refizeram nas Catacumbas de Domitila, em Roma, o famoso Pacto das Catacumbas que Dom Helder Camara inspirou em novembro de 1965. Dessa vez, o compromisso com os pobres tomou especificamente a forma de um compromisso de defesa dos povos indígenas e do cuidado com a Mãe Terra, nossa casa comum. O documento assinado por eles conclui ligando esse cuidado com a Eucaristia: "Celebramos esta Eucaristia do Pacto como 'um ato de amor cósmico'. Sim, cósmico! Porque, mesmo quando tem lugar no pequeno altar duma igreja de aldeia, a Eucaristia é sempre celebrada, de certo modo, sobre o altar do mundo". Ela une o céu e a terra, abraça e penetra toda a criação. O mundo, saído das mãos de Deus, volta a ele em feliz e plena adoração: no Pão Eucarístico "a criação propende para a divinização, para as santas núpcias, para a unificação com o próprio Criador". "Por isso, a Eucaristia é também fonte de luz e motivação para as nossas preocupações pelo meio ambiente, e leva-nos a ser guardiões da criação inteira" (*Laudato Si'*, 237).

Com essas indicações, deixo vocês que leem estas páginas sob a condução de Dom Bruno neste seu livro que parece ser, em cada página, um louvor eucarístico. Deixemo-nos tomar por esse júbilo litúrgico e sempre nos esforcemos por unir o louvor de Deus e o amor solidário aos irmãos, hoje traduzido no cuidado com os pobres e com a terra, nossa casa comum. Bom proveito na leitura e "corações ao alto!".

Dom Antônio Fernando Saburido, osb
Arcebispo de Olinda e Recife

APRESENTAÇÃO

"Quem come a minha carne e bebe o meu sangue tem a vida eterna e eu o ressuscitarei no último dia" (Jo 6,54). Esta certeza que Jesus nos dá com relação à Santíssima Eucaristia, faz-nos preparar, com mais ânimo e empenho, a Celebração Eucarística, e, para isso, é necessário conhecê-la, sobretudo as Orações Eucarísticas que constituem a parte central da Santa Missa.

Participar da Eucaristia é a atividade mais importante que o cristão católico faz em seu cotidiano, pois é a antecipação do futuro, ou seja, o próprio céu já na terra. Por isso é importante que se conheça o sentido de cada parte de uma Oração Eucarística, pois, sabendo o que se está fazendo, a nossa oração cresce em qualidade e nos oportuniza, de maneira mais segura, a busca da conversão.

O livro é composto de nove capítulos, cujo texto conclusivo é intitulado: "Sim, irei ao altar do Senhor". O primeiro capítulo aprofunda a Ceia do Senhor como Memorial da Páscoa de Jesus Cristo, partindo do contexto bíblico, passando um pouco pela história, sempre tendo como centro a presença real do Divino Redentor, nas espécies do pão e do vinho.

Já o seguinte, estuda as diversas partes de uma Oração Eucarística, mostrando a importância da função de cada uma, a fim de que a Eucaristia se realize, pois, elas são essenciais, juntamente com a intenção do sacerdote, para que aconteça a Transubstanciação.

Nos capítulos seguintes, refletiremos sobre alguns Prefácios e as diversas Orações Eucarísticas, lembrando que a primeira, também chamada de Cânon Romano, isto porque, desde o Concílio de Trento até a reforma litúrgica do Concílio Vaticano II, era a única Anáfora[1] que se dizia em todas as Missas. E, falaremos sobre a importância da segunda, que foi uma tentativa de retorno às fontes, já que é a mais antiga, atribuída a Hipólito de Roma.

Em seguida, dedicamos um capítulo ao estudo do Amém final da Doxologia que conclui a Oração Eucarística. Como se sabe, esse Amém é o consentimento da Assembleia Litúrgica em tudo o que foi pronunciado pelo sacerdote durante a Oração Eucarística e, desde os primórdios da Igreja, foi sempre cantado com todo entusiasmo.

Continuando, apresentamos uma proposta de Oração Eucarística para o Dia Mundial dos Pobres (Trigésimo Terceiro Domingo do Tempo Comum). A finalidade de termos elaborado essa Prece Eucarística é apenas didática, ou seja, para demonstrar aos nossos leitores o que é essencial para que essa oração exista, pois é o núcleo da Santa Missa. Sabemos que, para essa Anáfora ser rezada em uma Celebração Eucarística, precisaríamos da apro-

---

[1] Palavra grega que significa "repetição", ou seja, repete-se e atualiza-se (memória) tudo o que Jesus fez na última ceia.

vação da Santa Sé e da CNBB. Portanto, repito, a elaboramos com intenção pedagógica e não para ser dita nas Missas.

O capítulo intitulado "Notas pastorais" traz sugestões que facilitam o entendimento e engajamento por parte dos fiéis na dinâmica da Celebração Eucarística. Logo depois deste, propomos uma Adoração Eucarística.

E, finalmente, a título de considerações finais, o fechamento do livro, que, inspirado no Salmo 42(43), chamamos, como dito acima, de: "Sim, irei ao altar do Senhor". O salmista deseja louvar a Deus a partir de Jerusalém; hoje, pode-se adorá-lo em qualquer lugar e horário, mas, sobretudo, no momento da Eucaristia, diante da sua presença real. Desejamos, nesse encerramento da obra, motivar os nossos leitores e leitoras a participarem de modo mais pleno, consciente e eficaz das Celebrações Eucarísticas, acima de tudo, do momento da Consagração, que é o centro da Santa Missa.

No final do livro, encontram-se o Hino do XVIII Congresso Eucarístico Nacional e sua oração oficial.

1. A CEIA DO SENHOR

"Fazei isto em minha memória" (Lc 22,19b). Este foi o mandato do Senhor. Ele, inserido na vida religiosa do seu povo, celebrava a Ceia Pascal Judaica na primeira lua cheia da primavera no hemisfério norte, conforme a Lei Mosaica. Assim, no momento da instituição da Eucaristia, em sua Última Ceia com os Apóstolos, na noite anterior à sua Paixão e Morte, deixou-nos o mistério do seu Corpo e Sangue como penhor de sua presença entre nós até a segunda vinda; portanto, um singular consolo para aqueles que se entristeciam com a sua ausência. Como vemos, a Missa nasce no contexto da Páscoa Judaica (elemento de continuidade), com um novo sentido, o memorial pascal de Jesus Cristo (elemento de ruptura).

O livro dos Atos dos Apóstolos nos informa que os primeiros cristãos eram fiéis ao ensinamento dos Apóstolos e à fração do pão: "Eles perseveravam no ensino dos Apóstolos e na comunhão, no partir do pão e nas orações" (At 2,42). Uma alusão clara ao encontro para a Eucaristia.

Logo nos primórdios da Igreja, os padres mencionam a sinaxe dominical; um dia todo dedicado ao Senhor. Já na cena dos discípulos de Emaús, vemos o esquema celebrativo da Missa: Jesus Ressuscitado lhes ensina as Escrituras e as aplica a ele [Liturgia da Palavra], em seguida, é reconhecido na fração do pão [Liturgia Eucarística] (cf. Lc 24,25-31). Na Tradição Apostólica, a Eucaristia revela o Pai no Mistério do Filho, Redentor do homem. Esse texto, o mais antigo depois do período apostólico, sublinha o laço indissolúvel da Eucaristia com a Igreja. Após a Consagração, o Espírito Santo é invocado para que a Igreja possa se tornar digna para essa oferta. Santo Inácio de Antioquia afirma que a Missa revela a unidade da Igreja, pois nos alimentamos da carne e sangue de Cristo que sofreu e ressuscitou, constituindo-nos, através do mesmo alimento oferecido, como comunidade unida. São Justino, em sua Segunda Apologia, informa-nos que, no Dia do Sol, portanto, dia da criação da luz, os cristãos se reuniam para celebrar a Ressurreição de seu Senhor da seguinte maneira: liam as Sagradas Escrituras sem pressa, em seguida, aquele que presidia dava explicações e fazia exortações; havia orações comunitárias e, finalmente, a fração do pão (Corpo e Sangue de Cristo) em forma de ação de graças. Os santos Irineu e Cipriano sublinham a presença real de Cristo nas espécies do pão e vinho, que, recebido como alimento, faz com que o nosso corpo ressuscite, alimenta a força dos mártires e favorece a unidade dos cristãos. São João Crisóstomo vê a Eucaristia no contexto batismal, como alimento de vida que ajuda na nossa luta contra o mal. Santo Ambrósio e Santo Agostinho apresentam a Eucaristia na economia veterotestamentária em relação com a escatologia, como também a realidade da Igreja Corpo de Cristo e o seu ideal de unidade.

No período escolástico, destacamos São Tomás de Aquino, que apresenta a Eucaristia como o sacramento da presença de Cristo. O termo que ele usa é: *repraesentare*, empregado no sentido não de recordação, mas como presença real e eficaz do Senhor morto e ressuscitado. Esse sacramento diz respeito ao passado, por comemorar a Paixão do Senhor, o verdadeiro sacrifício, e liga-se ao presente porque faz a unidade da Igreja e tem um efeito futuro, pois é o penhor da glória futura, como o próprio Senhor anunciou: "Eu vos afirmo que, de agora em diante, não mais tomarei deste fruto da videira até aquele dia em que beberei o novo vinho, convosco, no Reino de meu Pai!" (Mt 26,29). Já São Boaventura insistiu no espírito de piedade necessário para comungar Jesus Cristo. Ele nos diz que, além das palavras de consagração que Jesus pronunciou na Última Ceia, realiza, ainda, a promessa do Senhor: "Eu estou convosco todos os dias até o fim do mundo" (Mt 28,20).

O Concílio de Trento enfatiza que a Santíssima Eucaristia, com relação aos demais sacramentos, é o mais sublime, pois contém o autor da santidade; portanto, após a Consagração, o pão e o vinho, na sua essência, transformam-se verdadeiramente no Corpo e Sangue de Cristo.

O Concílio Vaticano II nos ensina que, através da obra da redenção presente no Santíssimo Sacramento do altar, a Igreja cresce. São Paulo VI, que concretizou as decisões conciliares, observa que no Missal Romano encontram-se as provas da tradição ininterrupta da Igreja, pois este apresenta toda uma teologia do

Mistério Eucarístico. E São João Paulo II afirma que a Eucaristia faz a Igreja e que esta faz a Eucaristia.

Com esse breve relato histórico, observa-se a importância desse sacramento para a Igreja que se nutre do verdadeiro alimento até a volta do seu Senhor.

Conhecer a grandeza da Missa e participar dela por amor ao Senhor constituem aquilo que o cristão faz de mais sublime e importante em seu dia, pois antecipa o futuro, anunciando o Grande Dia da vinda do Senhor. É nesse sentido que São João Paulo II nos convoca a santificar, com a Eucaristia, o Dia do Senhor. Diz o Santo Pontífice:

> De fato, é precisamente na Missa dominical que os cristãos revivem, com particular intensidade, a experiência feita pelos Apóstolos na tarde de Páscoa, quando, estando eles reunidos, o Ressuscitado lhes apareceu (cf. Jo 20,19). Naquele pequeno núcleo de discípulos, primícias da Igreja, estava de algum modo presente o Povo de Deus de todos os tempos. Pelo seu testemunho, estende-se a cada geração de crentes a saudação de Cristo, transbordante do dom messiânico da paz, conquistada pelo seu sangue e oferecida juntamente com o seu Espírito: "A paz esteja convosco!". No fato de Cristo voltar ao meio deles "oito dias depois" (Jo 20,26), pode-se ver representado, na sua raiz, o costume da comunidade cristã de reunir todos os oito dias, no "Dia do Senhor" o domingo, para professar a

fé na sua Ressurreição e recolher os frutos da bem-aventurança prometida por ele: "Bem-aventurados os que, sem terem visto, acreditam!" (Jo 20,29). Esta íntima conexão entre a manifestação do Ressuscitado e a Eucaristia é sugerida pelo Evangelho de São Lucas na narração dos dois discípulos de Emaús, aos quais Cristo mesmo fez companhia, servindo-lhes de guia na compreensão da Palavra e, depois, sentando-se com eles à mesa. Reconheceram-no, quando ele "tomou o pão, pronunciou a bênção e, depois de parti-lo, entregou-lhes" (24,30). Os gestos de Jesus, nesta narração, são os mesmos que ele realizou na última Ceia, com clara alusão à "fração do pão", como é denominada a Eucaristia na primeira geração cristã.[1]

Como vemos, o dia da Ressurreição do Senhor está intimamente ligado à Eucaristia, a sua maior forma de presença hoje na Igreja. Como diz o Santo Papa, os gestos de Jesus no episódio de Emaús são os mesmos que ele fez na Última Ceia e que a Igreja, através dos sacerdotes, pratica todos os dias do nascer ao pôr do sol, quando realiza a celebração da Santa Missa. E, na grande Prece Consacratória, que é a Oração Eucarística, invoca o Espírito Santo, pede pela unidade da Igreja e por seus membros vivos e mortos.

---

[1] Carta apostólica *Dies Domini*, n. 33, de São João Paulo II. Disponível em: <http://www.domusiesu.pt/audio-textos/40-global/dies-domini/622-capitulo-iii-dies-ecclesia>. Acesso em: 22/08/2019.

Para participarmos de maneira ativa, consciente e eficaz da Celebração Eucarística, é necessário que a conheçamos profundamente para que todos os seus gestos, palavras e símbolos adquiram um sentido salvífico em nossas vidas e, através deles, convertamo-nos e nos aproximemos cada vez mais do Senhor que deseja estar conosco, como nós queremos estar com ele. Foi isso que os discípulos de Emaús pediram a Jesus: "Fica conosco, porque já é tarde e já declinou o dia. E entrou para ficar com eles" (Lc 24,29).

Dentro da liturgia da Santa Missa, destacamos a Oração Eucarística como o núcleo da celebração, pois é nessa prece que acontece o milagre da Transubstanciação e Jesus se faz presente em toda a sua integridade. É, portanto, a *Berakah* cristã, a grande bênção de ação de graças. Ela louva e agradece a benevolência de Deus para com as criaturas. No Novo Testamento, Jesus reza uma *Berakah* por Deus ter escolhido os pequeninos para revelar os seus mistérios (cf. Mt 11,25-17 e Lc 10,21-22). Também, na narrativa da instituição da Eucaristia, diz-se: "Ele tomou o pão e, tendo recitado a *Berakah*, o partiu e o distribuiu..." (Mc 14,22-24).

No capítulo seguinte, passaremos a refletir sobre as partes de uma Oração Eucarística.

2. AS PARTES DE UMA ORAÇÃO EUCARÍSTICA

Na segunda parte da Missa, quando se conclui o rito da Apresentação das Ofertas, tem logo início a Oração Eucarística, que constitui o seu momento central e conduz a assembleia à Comunhão do Corpo e Sangue de Cristo. É, portanto, a memória do que Jesus fez à mesa com seus Apóstolos na Última Ceia, dando graças sobre o pão e o vinho (cf. Mt 26,27). Por isso, a sua primeira parte é o *Prefácio*, que se inicia com um convite: "Corações ao alto. O nosso coração está em Deus! Demos graças ao Senhor, o nosso Deus. É nosso dever e nossa salvação!".[1] Se o nosso coração está em Deus, nada mais nos atrapalha ou dispersa nesse momento solene e "grave". A invocação seguinte já é um convite para a ação de graças, e temos consciência de que isso é nosso dever, para que a salvação se realize nesse Mistério da fé.

Segundo São João Crisóstomo, esse diálogo no início do Prefácio serve para colocar a nossa alma diante de Deus, vencendo

---

[1] Missal Romano.

todo cansaço. Devemos pensar que estamos em companhia dos querubins. Ele exorta para que ninguém participe desses hinos sagrados e místicos com o fervor relaxado, mas que cada fiel retire o que há de terreno de dentro de si e se volte por inteiro para o céu, para que, com os olhos fixos no Pai, ofereçamos a ele a nossa oblação, que é o próprio Cristo. E os fiéis dão seu consentimento para que o sacerdote, em nome deles, ofereça a Eucaristia, é por isso que afirmam ser seu dever dar graças ao Senhor, o nosso Deus.

Em seguida, o sacerdote, em nome de todos, pronuncia audível e solenemente o Prefácio, que é um poema dirigido a Deus, no Filho, pelo Espírito Santo, assim como toda a Prece Eucarística. Esse texto tem por finalidade glorificar e agradecer ao nosso Deus, como também colocar os fiéis diante do Mistério celebrado, localizando o tempo litúrgico ou a festa em pauta. O Prefácio se conclui com a *aclamação solene ao Deus três vezes Santo*: "Santo, Santo, Santo é o Senhor, Deus do universo. O céu e a terra proclamam a vossa glória, hosana nas alturas. Bendito o que vem em nome do Senhor, hosana nas alturas" (cf. Missal Romano). É uma alusão direta ao texto bíblico de Isaías 6,2-3: "Serafins estavam por cima dele; cada um tinha seis asas; com duas cobriam os seus rostos, e com duas cobriam os seus pés, e com duas voavam. E clamavam uns aos outros, dizendo: Santo, Santo, Santo é o Senhor dos Exércitos; toda a terra está cheia de sua glória". É por isso mesmo que o sacerdote convida com estas palavras: "Que nossas vozes se unam à voz dos anjos e santos para dizer ou cantar". Portanto, unimo-nos à Igreja do céu, já no início da Oração Eucarística.

Em seguida, acontece a *primeira Epiclese*, que é a invocação do Espírito Santo, juntamente com o gesto de imposição das mãos sobre as ofertas do pão e do vinho, para que sejam consagrados esses dons. É a ação do Espírito Santo e a eficácia das próprias palavras de Cristo na narrativa da Ceia/Consagração, proferidas pelo sacerdote, que tornam realmente presente, nas espécies do pão e do vinho, o Corpo e Sangue do Senhor, sacrifício oferecido na cruz uma vez para sempre.[2] Com nosso ato de fé, acreditamos que ali está o Senhor. Por isso, ao concluir a narrativa da Ceia (palavras de Cristo), o sacerdote exclama a *aclamação*: eis o Mistério da fé, e respondemos, com uma aclamação solene, que anunciamos a Morte e Ressurreição de Cristo, enquanto esperamos a sua volta.

Logo em seguida, temos a *Anamnese*, que significa a memória (atualização) do que está sendo celebrado, como também o verdadeiro *Ofertório* da Missa, pois só agora temos Jesus Cristo para oferecer ao Pai. Vejamos: "Celebrando, pois, a *memória da morte e Ressurreição do vosso Filho*, nós *vos oferecemos*, ó Pai, o pão da vida e o cálice da salvação; e vos agradecemos porque nos tornastes dignos de estar aqui na vossa presença e vos servir".[3]

A Igreja oferece ao Pai o único sacrifício que reconcilia o homem com Deus e pede que, pela ação do Espírito Santo (*segunda Epiclese*), tornemo-nos, em Cristo, um só corpo e um só espírito. Por isso que a finalidade da Eucaristia é gerar a unidade. Portanto, aqui o Espírito Santo é invocado para fazer comunhão.

---

[2] Cf. *Catecismo da Igreja Católica*, n. 1375.

[3] Oração Eucarística, n. II.

Em seguida, vêm as *Intercessões* feitas ao Pai pela Igreja, pelo papa, pelos bispos e pelo clero, para que todos cresçam na caridade. E continua-se pedindo pelos mortos e vivos; sempre em união com a Virgem Maria, Mãe de Deus, São José,[4] os Apóstolos e todos os Santos.

A Oração Eucarística se conclui com a *Doxologia*[5] *Final*, que é sempre a mesma para todas as opções do Missal. Assim se diz, com o Corpo e Sangue do Senhor elevados: "Por Cristo, com Cristo, em Cristo, a vós, Deus Pai todo-poderoso, na unidade do Espírito Santo, toda a honra e toda a glória, agora e para sempre". E a comunidade responde, de maneira solene, e, se possível, cantando, o *AMÉM*, que encerra a Oração Eucarística. Esse amém significa que toda a assembleia concorda com que o sacerdote pronunciou e que acredita na presença real de Jesus Cristo no pão e vinho consagrados.

O Papa Francisco, em uma de suas catequeses na Praça de São Pedro, nos ensina:

> A Oração Eucarística pede a Deus que receba todos os seus filhos na perfeição do amor, em união com o papa e o bispo, mencionados pelo nome, sinal de que celebramos em comunhão com a Igreja universal e com a

---

[4] A invocação a São José se tornou obrigatória em todas as Orações Eucarísticas, por determinação do Papa Francisco. Antes, ele aparecia, apenas, na Oração Eucarística I (Cânon Romano).

[5] "Doxologia" quer dizer: glória à Santíssima Trindade.

Igreja particular. A súplica, como oferenda, é apresentada a Deus por todos os membros da Igreja, vivos e defuntos, na expectativa da bem-aventurada esperança de partilhar a herança eterna do céu, com a Virgem Maria (cf. CIC, 1369-1371). Ninguém nem nada fica esquecido na Oração Eucarística, mas cada coisa é reconduzida a Deus, como recorda a Doxologia que a conclui. Ninguém é esquecido. E se eu tiver uma pessoa, parentes, amigos, que estão em necessidade ou passaram deste mundo para o outro, posso nomeá-los neste momento, interiormente e em silêncio, ou escrever para que o nome seja pronunciado. "Padre, quanto devo pagar para que o meu nome seja dito?" – "Nada". Entendestes isto? Nada! Não se paga a Missa. Ela é o sacrifício de Cristo, que é gratuito. A redenção é gratuita. Se quiseres, faz uma oferta, mas não se paga. É importante entender isto. Esta fórmula codificada de oração, talvez a possamos ouvir um pouco distante – é verdade, é uma fórmula antiga, mas, se compreendermos bem o seu significado, então certamente participaremos melhor. De fato, ela exprime tudo o que realizamos na celebração eucarística: e, além disso, ensina-nos a cultivar três atitudes que nunca deveriam faltar aos discípulos de Jesus. As três atitudes: primeira, aprender a "dar graças, sempre e em todos os lugares", e não só em determinas ocasiões, quando tudo corre bem; segunda, *fazer da nossa vida um dom de amor*, livre e gratuito; terceira, *fazer comunhão concreta*, na Igreja e com todos. Portanto, esta Oração central da Missa educa-nos, aos poucos, a fazer de toda a nossa vida uma "eucaristia", isto é uma ação de graças.[6]

Como vemos, o Papa Francisco enfatiza que a Missa é dom gratuito, impagável, e que dela brotam estas três posturas como ressonância de nossa vida eucarística: aprender a dar graças, fazer da vida dom de amor e estabelecer comunhão concreta com todos os seres humanos, sem exclusões.

A Introdução Geral ao Missal Romano (IGMR), nos nn. 78 e 79, apresenta-nos as partes da Oração Eucarística, conforme explicitamos anteriormente, da seguinte maneira:

Inicia-se agora a Oração Eucarística, centro e ápice de toda a celebração, prece de ação de graças e santificação. O sacerdote convida o povo a elevar os corações ao Senhor na oração e ação de graças e o associa à prece que dirige a Deus Pai, por Cristo, no Espírito Santo, em nome de toda a comunidade. O sentido desta oração é que toda a assembleia se una com Cristo na proclamação das maravilhas de Deus e na oblação do sacrifício. A Oração Eucarística exige que todos a ouçam respeitosamente e em silêncio.

Podem distinguir-se do seguinte modo os principais elementos que compõem a Oração Eucarística:

---

[6] PAPA FRANCISCO. Catequese da Audiência Geral, de 07/03/2018.

a) Ação de graças (expressa principalmente no Prefácio) em que o sacerdote, em nome de todo o povo santo, glorifica a Deus e lhe rende graças por toda a obra da salvação ou por um dos seus aspectos, de acordo com o dia, a festividade ou o tempo.

b) A aclamação pela qual toda a assembleia, unindo-se aos espíritos celestes, canta o Santo. Esta aclamação, parte da própria Oração Eucarística, é proferida por todo o povo com o sacerdote.

c) A Epiclese, na qual a Igreja implora por meio de invocações especiais a força do Espírito Santo para que os dons oferecidos pelo ser humano sejam consagrados, isto é, se tornem o Corpo e Sangue de Cristo, e que a hóstia imaculada se torne a salvação daqueles que vão recebê-la em comunhão.

d) A narrativa da instituição e consagração, quando pelas palavras e ações de Cristo se realiza o sacrifício que ele instituiu na Última Ceia, ao oferecer o seu Corpo e Sangue sob as espécies de pão e vinho, e entregá-los aos apóstolos como comida e bebida, dando-lhes a ordem de perpetuar este mistério.

e) A anamnese, pela qual, cumprindo a ordem recebida do Cristo Senhor através dos apóstolos, a Igreja faz a memória do próprio Cristo, relembrando principalmente a sua bem-aventurada paixão, a gloriosa Ressurreição e a ascensão aos céus.

f) A oblação, pela qual a Igreja, em particular a assembleia atualmente reunida, realizando esta memória, oferece ao Pai, no Espírito Santo, a hóstia imaculada; ela deseja, porém, que os fiéis não apenas ofereçam a hóstia imaculada, mas aprendam a oferecerem-se a si próprios e se aperfeiçoem, cada vez mais, pela mediação do Cristo, na união com Deus e com o próximo, para que finalmente Deus seja tudo em todos.

g) As intercessões, pelas quais se exprime que a Eucaristia é celebrada em comunhão com toda a Igreja, tanto celeste como terrestre, que a oblação é feita por ela e por todos os seus membros vivos e defuntos, que foram chamados a participar da redenção e da salvação obtidas pelo Corpo e Sangue de Cristo.

h) A Doxologia final que exprime a glorificação de Deus e é confirmada e concluída pela aclamação Amém do povo.

Como vemos, essa Prece Eucarística é de genuína Tradição Apostólica e se compõe com elementos das Sagradas Escrituras e da Patrística.

Passaremos, agora, a refletir sobre alguns Prefácios que iniciam a Oração Eucarística e expressam a ação de graças feita pelo sacerdote, em nome de todo o povo eleito; glorificam a Deus pela sua obra salvadora, conforme o dia ou tempo litúrgicos.

3. ALGUNS PREFÁCIOS

Como dissemos no capítulo anterior, os Prefácios constituem a introdução das Orações Eucarísticas e desejam nos colocar diante do mistério ou tempo litúrgico celebrado. Sempre dirigidos ao Pai, por Cristo; todos eles começam com o mesmo diálogo entre o sacerdote e os fiéis.[1] Ou seja:

O Senhor esteja convosco.
Ele está no meio de nós!
Corações ao alto.
O nosso coração está em Deus.
Demos graças ao Senhor, nosso Deus.
É nosso dever e nossa salvação.

O primeiro parágrafo, uma espécie de aclamação, é uma fórmula fixa para a maioria dos Prefácios e se inicia com a terceira

---

[1] Todos os Prefácios aqui apresentados foram retirados do *Missal dominical: missal da assembleia cristã*. 7. ed. São Paulo: Paulus, 1995.

invocação do diálogo acima: "Na verdade, é justo e necessário, é nosso dever e salvação dar-vos graças, sempre e em todo lugar, Senhor, Pai Santo, Deus eterno e todo-poderoso, por Cristo, Senhor nosso". Depois segue poeticamente, situando a festa e o dia litúrgico. Interessante observar que muitos deles trazem o advérbio de tempo: HOJE, para mostrar a atualização da Memória feita pelo Espírito Santo, pois é o acontecimento histórico que está tornando-se presente em nosso tempo cronológico; um verdadeiro *Kairós*. Vejamos alguns exemplos:

PREFÁCIO DO ADVENTO I

Revestido da nossa fragilidade, ele veio a primeira vez para realizar seu eterno plano de amor e abrir-nos o caminho da salvação. Revestido de sua glória, ele virá uma segunda vez para conceder-nos em plenitude os bens prometidos que hoje, vigilantes, esperamos.

Por essa razão, agora e sempre, nós nos unimos aos anjos e a todos os santos, cantando (dizendo) a uma só voz: Santo, Santo, Santo...

Esse Prefácio para a primeira parte do Advento, ou seja, o Advento Escatológico (para ser dito ou cantado do Primeiro Domingo do Advento até o dia 16 de dezembro, inclusive), apresenta as duas vindas de Cristo: a primeira no escondimento e a segunda gloriosa, e é esta vinda que esperamos vigilantes.

PREFÁCIO DO ADVENTO II

Predito por todos os profetas, esperado com amor de mãe pela Virgem Maria, Jesus foi anunciado e mostrado presente no mundo por São João Batista. O próprio Senhor nos dá a alegria de entrarmos agora no mistério do seu Natal, para que sua chegada nos encontre vigilantes na oração e celebrando os seus louvores.

Por essa razão, agora e sempre...

Aqui, temos o Prefácio para o Advento Histórico, cujo acento está na primeira vinda do Redentor na noite de Natal. Essa parte do Advento vai do dia 17 de dezembro até a Missa matutina do dia 24 de dezembro; pois neste dia, as Missas da tarde já são da Vigília do Natal. Interessante observar a menção da Virgem Maria e de São João Batista como figuras centrais do Advento.

PREFÁCIO DO NATAL III

Por ele, realiza-se hoje o maravilhoso encontro que nos dá vida nova em plenitude. No momento em que vosso Filho assume a nossa fraqueza, a natureza humana recebe uma incomparável dignidade: ao tornar-se ele um de nós, nós nos tornamos eternos.

Por essa razão, agora e sempre...

Esse texto deverá ser dito na noite e dia de Natal, pois faz menção ao advérbio HOJE, que atualiza o fato histórico da salvação.

Mostra-nos o sentido teológico do Natal: Jesus assume a nossa natureza e nós nos tornamos eternos. Podendo, ainda, ser tomado em toda Oitava Natalina.

PREFÁCIO DA EPIFANIA DO SENHOR

Revelastes, hoje, o mistério do vosso Filho como luz para iluminar todos os povos no caminho da salvação. Quando Cristo se manifestou em nossa carne mortal, vós nos recriastes na luz eterna de sua divindade.

Por essa razão, agora e sempre...

Aqui, observa-se, com clareza, o mistério da Epifania, que é a revelação de Deus a todas as nações, na pessoa de Jesus Cristo, que assumiu a nossa carne. A luz é o tema central dessa solenidade, pois os magos seguiram e nós também seguimos a "luz da estrela" que é o próprio Cristo.

PREFÁCIO DO BATISMO DO SENHOR

Hoje, nas águas do rio Jordão, revelais o novo Batismo, com sinais admiráveis. Pela voz descida do céu ensinais que vosso Verbo habita entre os seres humanos. E pelo Espírito Santo, aparecendo em forma de pomba, fazeis saber que o vosso Servo, Jesus Cristo, foi ungido com o óleo da alegria e enviado para evangelizar.

Por essa razão, agora e sempre...

Sendo, também, um acontecimento de Epifania, no Batismo de Jesus, o Pai revela a divindade do Filho e o constitui seu servo, ungindo-o com óleo de exultação para a missão de evangelizar, que é o motivo da sua Encarnação: implantar o Reino de Deus pela Palavra e o Sacrifício da Cruz. É no Batismo que Jesus inaugura sua vida pública de Salvador da humanidade. Temos nesse episódio a plena revelação da Santíssima Trindade e a presença do advérbio HOJE, que atualiza o fato para o nosso presente.

PREFÁCIO DO PRIMEIRO DOMINGO DA QUARESMA

Jejuando quarenta dias no deserto, Jesus consagrou a observância quaresmal. Desarmando as ciladas do antigo inimigo, ensinou-nos a vencer o fermento da maldade. Celebrando agora o mistério pascal, nós nos preparamos para a Páscoa definitiva.

Enquanto esperamos a plenitude eterna, com os anjos e...

Sabemos que, no Tempo da Quaresma, temos um esquema próprio de leituras e, no Ano A desse ciclo, a Igreja deseja fazer uma catequese batismal, tanto para aqueles adultos que vão receber o Sacramento do Batismo na Vigília Pascal como para os batizados que vão renovar suas promessas de fé. O Primeiro e o Segundo Domingos da Quaresma, independentemente do ciclo de lições, terão em todos os anos a mesma temática: as Tentações de Jesus e a sua Transfiguração, isto para lembrar o que vai acontecer no Tríduo Pascal, cruz e Ressurreição, respectivamente. O

Prefácio acima está diretamente em consonância com o Evangelho do dia, que nos faz meditar sobre as Tentações do Senhor e o modo como vencê-las, quando elas aparecerem em nossa vida. Portanto, como Jesus Cristo, entramos na Quaresma jejuando e vigiando para nos libertar das investidas do maligno.

PREFÁCIO DO SEGUNDO DOMINGO DA QUARESMA

Tendo predito aos discípulos a própria morte, Jesus lhes mostra, na montanha sagrada, todo o seu esplendor. E com o testemunho da Lei e dos Profetas, simbolizados em Moisés e Elias, nos ensina que, pela Paixão e Cruz, chegará à glória da Ressurreição.

E, enquanto esperamos a realização plena de vossas promessas, como os anjos...

Esse Prefácio se inspira no Evangelho desse dia, em que Jesus antecipa a glória da sua Ressurreição, para animar os Apóstolos que tinham acabado de ouvir o anúncio da sua Paixão e Morte. Assim somos, aos poucos, conduzidos ao Tríduo Pascal. A montanha sagrada, no caso, é o monte Tabor, sempre lugar de Teofania.

PREFÁCIO DO TERCEIRO DOMINGO DA QUARESMA – ANO A

Ao pedir à samaritana que lhe desse de beber, Jesus lhe dava o dom de crer. E, saciada, sua sede de fé, lhe acrescentou o fogo do amor. Por essa razão, vos servem todas as criaturas, com justiça vos louvam todos os redimidos e, unânimes, vos bendizem os vossos santos.

Concedei-nos também a nós associar-nos aos seus louvores, cantando...

Como vimos acima, esse Prefácio só deverá ser tomado no Terceiro Domingo da Quaresma do Ano A, quando o Evangelho traz a cena da samaritana que vê, em Jesus, a Água Viva que nos sacia plenamente. Assim, nossa fé também cresce naquele que nos redime. Para o ciclo das lições dos Anos B e C, devem-se tomar os Prefácios do comum para o Tempo da Quaresma, como o que vamos meditar em seguida.

PREFÁCIO DA QUARESMA I

Vós concedeis aos cristãos esperar com alegria, cada ano, a festa da Páscoa. De coração purificado, entregues à oração e à prática do amor fraterno, preparamo-nos para celebrar os mistérios pascais, que nos deram vida nova e nos tornaram filhas e filhos vossos.

Por essa razão, agora e sempre...

Esse Prefácio, inspirado no capítulo 6 do Evangelho de São Mateus, que trata de um programa quaresmal composto por Jesus, que todo ano é lido na Quarta-feira de Cinzas, centraliza a caridade fraterna e a oração como remédios contra o pecado. Assim, entramos nesse tempo favorável de conversão para celebrar com dignidade a festa da Páscoa, que antecipa para nós o banquete do Céu.

PREFÁCIO DA PAIXÃO DO SENHOR II

Já se aproximam os dias de sua Paixão salvadora e de sua gloriosa Ressurreição. Dias em que celebramos, com fervor, a vitória sobre o antigo inimigo e entramos no mistério da nossa Redenção.

Enquanto a multidão dos anjos e dos santos se alegra eternamente na vossa presença, em humilde adoração, nós nos associamos aos seus louvores, cantando...

O presente Prefácio deverá ser dito nos primeiros dias da Semana Santa, ou seja, na Segunda, Terça e Quarta-feira Santas. Ele nos anima a entrar no mistério da Paixão do Senhor na perspectiva de sua glorificação, e deixa claro que o tempo se aproxima. É na cruz que Jesus vence o inimigo e conquista para todos nós o paraíso perdido.

PREFÁCIO DA PÁSCOA I

Na verdade, é justo e necessário, é nosso dever e salvação dar-vos graças, sempre e em todo lugar, mas, sobretudo, nesta noite (neste dia ou neste tempo) em que Cristo, nossa Páscoa, foi imolado.

Ele é o verdadeiro Cordeiro, que tira o pecado do mundo. Morrendo, destruiu a morte e, ressurgindo, deu-nos a vida.

Transbordando de alegria pascal, nós nos unimos aos anjos e a todos os santos...

Como vemos aqui, a introdução muda um pouco com relação às demais, pois faz menção do momento e do tempo da Ressurreição do Senhor, que é apresentado como Cordeiro de Deus imolado por nós, conquistando-nos a verdadeira vida.

PREFÁCIO DE PENTECOSTES

Para levar à plenitude os mistérios pascais, derramastes, hoje, o Espírito Santo prometido, em favor de vossos filhos e filhas.

Desde o nascimento da Igreja, é ele quem dá a todos os povos o conhecimento do verdadeiro Deus; e une, numa só fé, a diversidade das raças e línguas.

Por essa razão, transbordamos de alegria pascal, e aclamamos a vossa bondade, cantando...

Vemos que o Espírito Santo é o dom da Páscoa, e é ele que nos faz conhecer o verdadeiro Deus e forma a unidade da Igreja na diversidade dos povos e culturas. Aqui aparece, também, o advérbio HOJE, sempre com o mesmo sentido de tornar presente o fato histórico, finalidade de toda celebração litúrgica.

PREFÁCIO DA SANTÍSSIMA TRINDADE

Com vosso Filho único e o Espírito Santo, sois um só Deus e um só Senhor. Não uma única pessoa, mas três pessoas num só Deus. Tudo o que revelastes e nós cremos a respeito de vossa glória atribuímos igualmente ao Filho e ao Espírito Santo. E, proclamando que sois o Deus eterno e verdadeiro, adoramos cada uma das pessoas, na mesma natureza e igual majestade.

Unidos à multidão dos anjos e dos santos...

O Prefácio apresenta toda a teologia da Santíssima Trindade e a relação pericorética[2] e amorosa de cada uma das pessoas. Faz uma louvação solene ao Deus Uno e Trino, a quem damos glória e louvor para sempre. A função do Filho e do Espírito Santo é sempre revelar a misericórdia do Pai.

PREFÁCIO PARA UM DOMINGO DO TEMPO COMUM

Na verdade, é justo e necessário, é nosso dever e salvação dar-vos graças e bendizer-vos, Senhor, Pai santo, fonte da verdade e da vida, porque, neste domingo festivo, nos acolhestes em vossa casa. Hoje, vossa família, para escutar vossa Palavra e repartir o Pão consagrado, recorda a Ressurreição do Senhor, na esperança de ver o dia sem ocaso, quando a humanidade inteira repousará junto de vós. Então, contemplaremos vossa face e louvaremos sem fim a vossa misericórdia.

---

[2] Pericorese: nome dado, pela Teologia, à relação "fraterna" das Três pessoas de Deus, ou seja, cada pessoa é tão unida à outra que uma contém as outras duas. Modelo de amor e de comunidade.

> Por isso, cheios de alegria e esperança, unimo-nos aos anjos e a todos os santos...

O texto faz uma alusão direta à importância do Dia do Senhor como momento privilegiado para o encontro dos cristãos com o seu Senhor, e isso se dá através da Celebração Eucarística nas suas duas partes: a Liturgia da Palavra (escuta da Palavra) e a Liturgia Sacramental (repartir o Pão consagrado). Portanto, é um dia feliz porque nele Jesus nos abre as portas da eternidade e nós, na esperança, vislumbramos o dia sem ocaso, quando repousaremos para sempre no Senhor Ressuscitado. Aqui, também, temos a alusão ao advérbio HOJE, sempre com a mesma finalidade de atualização do acontecimento.

PREFÁCIO DA EXALTAÇÃO DA SANTA CRUZ

> Pusestes no lenho da Cruz a salvação da humanidade, para que a vida ressurgisse de onde a morte viera. E o que vencera na árvore do paraíso, na árvore da Cruz fosse vencido.
>
> Por essa razão, agora e sempre...

O Prefácio nos mostra claramente o sentido da Cruz, lembrando-nos de que foi num lenho de árvore que o pecado entrou no mundo pela sedução do maligno aos nossos primeiros pais, Adão e Eva. Agora, o novo Adão, Jesus Cristo obediente ao Pai, vence na mesma árvore da Cruz o que antes vencera. Portanto, a morte foi morta, quando na Cruz foi morta a vida.

PREFÁCIO DE NOSSO SENHOR JESUS CRISTO, REI DO UNIVERSO

Com óleo de exultação, consagrastes sacerdote eterno e rei do universo vosso Filho único, Jesus Cristo, Senhor nosso. Ele, oferecendo-se na Cruz, vítima pura e pacífica, realizou a redenção da humanidade. Submetendo ao seu poder toda criatura, entregará à vossa infinita majestade um reino eterno e universal: reino da verdade e da vida, reino da santidade e da graça, reino da justiça, do amor e da paz.

Por essa razão, agora e sempre...

Esse Prefácio apresenta os valores do Reino de Deus que já estão presentes, como embrião, em nós e que será pleno quando Jesus voltar. São eles: a verdade, a vida, a santidade, a graça, a justiça, o amor e a paz. Todos se opõem aos reinados humanos que se caracterizam pelo poder, pela força e pelas mentiras. O Senhor se torna rei pela sua Cruz e nos oferece a oportunidade de conquistarmos o Reino, desde que vivamos esses valores do seu Evangelho.

PREFÁCIO DA ASSUNÇÃO DE NOSSA SENHORA

Hoje, a Virgem Maria, Mãe de Deus, foi elevada à glória do céu. Aurora e esplendor da Igreja triunfante, ela é consolo e esperança para o vosso povo ainda em caminho, pois preservastes da corrupção da morte aquela que gerou, de modo inefável, vosso próprio Filho feito homem, autor de toda vida.

Enquanto esperamos a glória eterna, como os anjos...

O texto nos coloca diante do dogma da Assunção de Nossa Senhora, pois, se ela foi concebida sem pecado, não poderia sofrer a corrupção da sepultura – sendo a morte fruto do pecado. Assim, foi elevada à glória do céu, em corpo e alma, e nos aponta o caminho, sendo a aurora, ou seja, o princípio. Nós, que também pertencemos a Cristo (cf. 1Cor 15,23b), teremos o nosso corpo ressuscitado. Nota-se de novo o vocábulo HOJE, sempre com a mesma finalidade litúrgica já apresentada anteriormente.

PREFÁCIO DE SÃO JOÃO BATISTA

Proclamamos, hoje, as maravilhas que operastes em São João Batista, precursor de vosso Filho e Senhor nosso, consagrado como o maior entre os nascidos de mulher. Ainda no seio materno, ele exultou com a chegada do Salvador da humanidade e seu nascimento trouxe grande alegria. Foi o único dos profetas que mostrou o Cordeiro redentor. Batizou o próprio autor do Batismo, nas águas assim santificadas, e, derramando seu sangue, mereceu dar o perfeito testemunho de Cristo.

Por essa razão, unidos aos anjos e a todos os santos...

O Prefácio nos apresenta, de maneira poética, a função do profeta João Batista no contexto da História da Salvação. Ele é o precursor do Senhor; inaugura um novo rito de Batismo com a presença do ministro; é o maior profeta e o único a contemplar o objeto de suas profecias, Jesus, o Cordeiro de Deus. Evoca, também, o seu martírio. Mais uma vez, a presença do advérbio HOJE.

Com esses exemplos de Prefácios e os diálogos comentados que tentamos estabelecer com cada um, cremos que ficou clara sua função litúrgica dentro do contexto de introdução às Orações Eucarísticas.

Bom lembrar que também existem Prefácios para os Comuns, ou seja, com temática mais genérica. Encontramos no Missal Romano os seguintes: Comuns da dedicação das Igrejas, de Nossa Senhora, dos Apóstolos, dos Mártires, dos Pastores, das Virgens, dos Religiosos e dos Santos e Santas.

Passaremos, agora, para o estudo das Orações Eucarísticas.

4. ESTUDO DAS ORAÇÕES EUCARÍSTICAS

Como método de estudo, decidimos aprofundar as cinco Preces Eucarísticas que estão no Cânon do Missal de São Paulo VI: a primeira ou Cânon Romano, a segunda, a terceira e a quarta. A quinta Oração é própria para o Brasil, pois ela provém do Congresso Eucarístico de Manaus, ocorrido em 1975.

Com respeito às outras opções, como, por exemplo: para Diversas Circunstâncias, para Reconciliação e para Crianças, fizemos uma reflexão de maneira mais genérica, enfatizando os seus Prefácios e os referidos temas.

ORAÇÃO EUCARÍSTICA I – CÂNON ROMANO[1]

A Oração Eucarística I é também chamada de Cânon Romano, isso porque desde o Concílio de Trento até o Vaticano II

---

[1] Todas as Orações Eucarísticas aqui apresentadas foram retiradas do *Missal dominical: missal da assembleia cristã*. 7. ed. São Paulo: Paulus, 1995.

só ela tinha validade para as celebrações da Santa Missa. Como sabemos, cânon quer dizer *a cana*, uma forma de medida da cultura romana da época.

Dois patriarcados influenciaram a variedade dos ritos católicos: o de Antioquia e o de Alexandria. O primeiro foi um dos centros do Cristianismo desde o Novo Testamento, pois o livro dos Atos dos Apóstolos nos informa: "E partiu Barnabé para Tarso, para buscar Saulo; e achando-o, o conduziu para Antioquia. E sucedeu que por um ano se reuniram naquela Igreja, ensinaram a muita gente. Foi em Antioquia que pela primeira vez os discípulos foram chamados de cristãos. E naqueles dias desceram profetas de Jerusalém para Antioquia" (At 11,25-27). Antioquia foi a capital do Império Romano do Oriente; com liturgia própria, influenciou o Rito Romano. Já a Igreja de Alexandria, de acordo com a tradição, foi fundada por volta do ano 42, pelo evangelista São Marcos. Foi sempre reverenciada como umas das três sedes mais antigas da Igreja, sendo que as outras eram a romana e a de Antioquia. Também, ao se defrontar com outras culturas e a do próprio local, criou ritos próprios. Ambas as sedes influenciaram na composição das Orações Eucarísticas.

Dizemos que a Oração Eucarística I ou Cânon Romano *é do tipo Antioqueno*, pois a mesma possui intercessões antes e depois da Consagração. Observemos, também, que, após o Concílio Vaticano II, as Preces Eucarísticas ganharam, facultativamente, aclamações por parte da assembleia, o que favorece uma participação mais ativa dos fiéis. Vejamos:

Pai de misericórdia, a quem sobem nossos louvores, nós vos pedimos por Jesus Cristo, vosso Filho e Senhor nosso, que abençoeis † estas oferendas apresentadas ao vosso altar.

T: Abençoai nossa oferenda, ó Senhor!

Nós as oferecemos pela vossa Igreja santa e católica: concedei-lhe paz e proteção, unindo-a num só corpo e governando-a por toda a terra. Nós as oferecemos também pelo vosso servo, o papa (N.), por nosso bispo (N.) e por todos os que guardam a fé que receberam dos apóstolos.

T: Conservai a vossa Igreja sempre unida!

Lembrai-vos, ó Pai, dos vossos filhos e filhas (N.N.) e de todos os que circundam este altar, dos quais conheceis a fidelidade e a dedicação em vos servir. Eles vos oferecem conosco este sacrifício de louvor por si e por todos os seus e elevam a vós as suas preces para alcançar o perdão de suas faltas, a segurança em suas vidas e a salvação que esperam.

T: Lembrai-vos, ó Pai, de vossos filhos!

Em comunhão com toda a Igreja, veneramos a sempre Virgem Maria, mãe de nosso Deus e Senhor Jesus Cristo; e também São José, esposo de Maria,* os santos Apóstolos e mártires: Pedro e Paulo, André (Tiago e João,

Tomé, Tiago e Filipe, Bartolomeu e Mateus, Simão e Tadeu, Lino, Cleto, Clemente, Sisto, Cornélio e Cipriano, Lourenço e Crisógono, João e Paulo, Cosme e Damião), e todos os vossos santos. Por seus méritos e preces, concedei-nos sem cessar a vossa proteção.

T: Em comunhão com toda a Igreja aqui estamos!

***

Comunicantes próprios

No Natal e Oitava

Em comunhão com toda a Igreja, celebramos o dia santo (a noite santa) em que a Virgem Maria deu ao mundo o Salvador. Veneramos também a mesma Virgem Maria e seu esposo São José.*

Na Epifania do Senhor

Em comunhão com toda a Igreja, celebramos o dia santo em que vosso Filho único, convosco eterno em vossa glória, manifestou-se visivelmente em nossa carne. Veneramos também a Virgem Maria e seu esposo São José.*

Da Vigília Pascal até o 2º Domingo da Páscoa

Em comunhão com toda a Igreja, celebramos o dia santo (a noite santa) da Ressurreição de Nosso Senhor Jesus Cristo. Veneramos também a Virgem Maria e seu esposo São José.*

Na ascensão do Senhor

Em comunhão com toda a Igreja, celebramos o dia santo em que o vosso Filho único elevou à glória da vossa direita a fragilidade de nossa carne. Veneramos também a Virgem Maria e seu esposo, São José.*

Em Pentecostes

Em Comunhão com toda a Igreja, celebramos o dia santo de Pentecostes em que o Espírito Santo, em línguas de fogo, manifestou-se aos Apóstolos. Veneramos também a Virgem Maria e seu esposo, São José.*

T: Em comunhão com toda a Igreja aqui estamos!

***

Recebei, ó Pai, com bondade, a oferenda dos vossos servos e de toda a vossa família; dai-nos sempre a vossa paz, livrai-nos da condenação e acolhei-nos entre os vossos eleitos.

***

Da Vigília Pascal ao 2º Domingo da Páscoa

Recebei, ó Pai, com bondade, a oferenda dos vossos servos e de toda a vossa família. Nós a oferecemos também por aqueles que fizestes renascer pela água e pelo Espírito Santo, dando-lhes o perdão de todos os pecados. Dai-nos sempre a vossa paz, livrai-nos da condenação eterna e acolhei-nos entre os vossos eleitos.

Dignai-vos, ó Pai, aceitar e santificar estas oferendas, a fim de que se tornem para nós o Corpo e o Sangue de Jesus Cristo, vosso filho e Senhor nosso.

T: Santificai nossa oferenda, ó Senhor!

Na noite em que ia ser entregue, ele tomou o pão em suas mãos, elevou os olhos a vós, ó Pai, deu graças e o partiu e deu a seus discípulos, dizendo: TOMAI TODOS, E COMEI: ISTO É O MEU CORPO, QUE SERÁ ENTREGUE POR VÓS.

Do mesmo modo, ao fim da ceia, ele tomou o cálice em suas mãos, deu graças novamente e o deu a seus discípulos, dizendo: TOMAI TODOS, E BEBEI: ESTE É O CÁLICE DO MEU SANGUE, O SANGUE DA NOVA E ETERNA ALIANÇA, QUE SERÁ DERRAMADO POR VÓS E POR TODOS, PARA REMISSÃO DOS PECADOS. FAZEI ISTO EM MEMÓRIA DE MIM.

Eis o Mistério da fé!

T: Todas as vezes que comemos deste pão e bebemos deste cálice, anunciamos, Senhor, a vossa morte, enquanto esperamos a vossa vinda!

Celebrando, pois, a memória da Paixão do vosso Filho, da sua Ressurreição dentre os mortos e gloriosa ascensão aos céus, nós, vossos servos, e também vosso povo santo, vos oferecemos, ó Pai, dentre os bens que nos destes, o sacrifício perfeito e santo, pão da vida eterna e cálice da salvação.

T: Recebei, ó Senhor, a nossa oferta!

Recebei, ó Pai, esta oferenda, como recebestes a oferta de Abel, o sacrifício de Abraão e os dons de Melquisedeque. Nós vos suplicamos que ela seja levada à vossa presença, para que, ao participarmos deste altar, recebendo o Corpo e o Sangue de vosso Filho, sejamos repletos de todas as graças e bênçãos do céu.

T: Recebei, ó Senhor, a nossa oferta!

Lembrai-vos, ó Pai, dos vossos filhos e filhas (N.N.) que partiram desta vida, marcados com o sinal da fé. A eles e a todos os que adormeceram no Cristo concedei a felicidade, a luz e a paz.

T: Lembrai-vos, ó Pai, dos vossos filhos!

E a todos nós, pecadores, que confiamos na vossa imensa misericórdia, concedei, não por nossos méritos, mas por vossa bondade, o convívio dos apóstolos e mártires: João Batista e Estevão, Matias e Barnabé (Inácio, Alexandre, Marcelino e Pedro, Felicidade e Perpétua, Águeda e Luzia, Inês, Cecília, Anastácia) e todos os vossos santos.

Por Cristo, Senhor nosso.

T: Concedei-nos o convívio dos eleitos!

Por ele não cessais de criar e santificar estes bens e distribuí-los entre nós.

Por Cristo, com Cristo, em Cristo, a vós, Deus Pai todo-poderoso, na unidade do Espírito Santo, toda a honra e toda a glória, agora e para sempre.

T: AMÉM.

Como vemos, já antes da *Narrativa da Ceia* e *Consagração*, temos as *primeiras Intercessões* pela Igreja, pelo papa, pelo bispo e pelos vivos, ou seja, aqueles que circundam o altar e estão ali presentes na celebração e, também, pelos seus, pedindo o perdão dos pecados, a segurança, como também a salvação.

Em seguida, aparecem as *primeiras Intercessões* convocando a Virgem Maria, São José, os Apóstolos e os primeiros santos, papas e bispos da Igreja, para que, através deles, tenhamos proteção. Os comunicantes próprios iniciam essa parte da evocação dos santos, que têm a finalidade de colocar a assembleia dentro do Mistério de Cristo celebrado. Assim, existem cinco: para o Natal e sua Oitava, Epifania do Senhor, Páscoa e sua Oitava, Ascensão do Senhor e Pentecostes. Pede-se ao Pai que receba com bondade essa oferenda, sendo que, da Vigília Pascal até a sua Oitava (Segundo Domingo da Páscoa), essa Intercessão é própria, pois faz um pedido por aqueles que foram batizados na Noite Santa da Páscoa.

Continuando, encontramos a Epiclese, a *Narrativa da Ceia/ Consagração*, a *Aclamação*, a *Anamnese*: "Celebrando, pois, a memória da Paixão do vosso Filho, da sua Ressurreição dentre os mortos e gloriosa Ascensão aos céus...". Agora, temos o *verdadeiro ofertório da Missa*: "... vosso povo santo, vos oferecemos, ó Pai, dentre os bens que nos destes, o sacrifício perfeito e santo, pão da vida eterna e cálice da salvação". E continua-se, ainda, na parte seguinte a fazer o ofertório, para que essa oferta, que é o próprio Filho Jesus Cristo, seja recebida como os dons de Melquisedeque. Nessa Oração, não observamos a segunda Epiclese.

Em seguida, temos as *segundas Intercessões*, agora pedindo pelos mortos. E, mais uma vez, por todos nós pecadores, com a evocação dos mártires dos primeiros séculos da Igreja.

Finalmente, a Doxologia, que é a mesma em todas as Orações Eucarísticas, e o *Amém final*, que, como já foi dito, deverá ser sempre solene, pois conclui a Eucaristia e é o consentimento, por parte dos fiéis, de tudo o que foi dito e realizado.

ORAÇÃO EUCARÍSTICA II – TRADIÇÃO APOSTÓLICA DE SANTO HIPÓLITO DE ROMA

Esta Oração Eucarística é a mais antiga e, segundo a tradição, é a de Hipólito de Roma. Esse Padre da Igreja deixa claro alguns aspectos relativos à sua Anáfora.[2] Em primeiro lugar, não obriga o celebrante a seguir a sua fórmula e deixa margem para

---

[2] Como já dissemos, anáfora, aqui, é sinônimo de Oração Eucarística.

a criatividade, mas sem perder a fidelidade para com alguns elementos tradicionais. São Justino atesta essa prática litúrgica da espontaneidade, quando não fixa um texto eucarístico, mas deixa o presidente livre para pronunciar essa prece, quando, na sua Segunda Apologia, tratando da Sinaxe[3] Dominical no Dia do Sol, diz com relação àquele que preside: "... *Segundo a sua capacidade, faz subir a Deus suas preces e ações de graças* (Eucaristia)". Mas mesmo com a permissão de certa improvisação, a Tradição Apostólica de Hipólito segue a tradição litúrgica da estrutura geral de uma Oração Eucarística, em conformidade com as origens do Cristianismo.

A Igreja primitiva foi, em suas diversas comunidades eclesiais, formulando modelos próprios da Oração Eucarística, contudo, um núcleo lhes era comum. Essa unidade era garantida pelos modelos escriturísticos dos relatos da instituição da Eucaristia, tanto dos textos sinóticos como da Primeira Carta aos Coríntios de Paulo, no capítulo 11, sendo o texto bíblico mais antigo.

O Concílio Vaticano II trouxe, novamente, a Oração Eucarística de Hipólito ao seu Cânon da Missa, para garantir o retorno às fontes, já que essa é a prece mais antiga. Essa Oração Eucarística II e – com exceção das Missas com Crianças I – todas as outras *são do tipo Alexandrino* por possuírem Intercessões, apenas, após a Consagração. Vejamos:

---

[3]   O mesmo que missa.

O Senhor esteja convosco.

T: Ele está no meio de nós.

Corações ao alto.

T: O nosso coração está em Deus.

Demos graças ao Senhor, nosso Deus.

T: É nosso dever e nossa salvação.

Na verdade, é justo e necessário, é nosso dever e salvação dar-vos graças, sempre e em todo o lugar, Senhor, Pai santo, Deus eterno e todo-poderoso, por Cristo, Senhor nosso. Ele é a vossa palavra viva, pela qual tudo criastes. Ele é o nosso salvador e redentor, verdadeiro homem, concebido do Espírito Santo e nascido da Virgem Maria. Ele, para cumprir a vossa vontade e reunir um povo santo em vosso louvor, estendeu os braços na hora da sua Paixão, a fim de vencer a morte e manifestar a Ressurreição. Por ele os anjos celebram vossa grandeza e os santos proclamam vossa glória. Concedei-nos também a nós associar-nos a seus louvores, cantando (dizendo) a uma só voz:

T: Santo, Santo, Santo, Senhor Deus do universo! O céu e a terra proclamam a vossa glória. Hosana nas alturas! Bendito o que vem em nome do Senhor! Hosana nas alturas!

Na verdade, ó Pai, vós sois santo e fonte de toda santidade. Santificai, pois, estas oferendas, derramando sobre elas o vosso Espírito, a fim de que se tornem para nós o Corpo e † o Sangue de Jesus Cristo, vosso Filho e Senhor nosso.

T: Santificai nossa oferenda, ó Senhor!

Estando para ser entregue e abraçando livremente a Paixão, ele tomou o pão, deu graças e o partiu e deu a seus discípulos, dizendo: TOMAI, TODOS, E COMEI: ISTO É O MEU CORPO, QUE SERÁ ENTREGUE POR VÓS.

Do mesmo modo, ao fim da ceia, ele tomou o cálice em suas mãos, deu graças novamente e o deu a seus discípulos, dizendo: TOMAI, TODOS, E BEBEI: ESTE É O CÁLICE DO MEU SANGUE, O SANGUE DA NOVA E ETERNA ALIANÇA, QUE SERÁ DERRAMADO POR VÓS E POR TODOS, PARA A REMISSÃO DOS PECADOS. FAZEI ISTO EM MEMÓRIA DE MIM.

Eis o Mistério da fé!

T: Todas as vezes que comemos deste pão e bebemos deste cálice, anunciamos, Senhor, a vossa morte, enquanto esperamos a vossa vinda!

Celebrando, pois, a memória da morte e Ressurreição do vosso Filho, nós vos oferecemos, ó Pai, o pão da vida e o cálice da salvação; e vos agradecemos porque nos tornastes dignos de estar aqui na vossa presença e vos servir.

T: Recebei, ó Senhor, a nossa oferta!

E nós vos suplicamos que, participando do Corpo e Sangue de Cristo, sejamos reunidos pelo Espírito Santo num só corpo.

T: Fazei de nós um só corpo e um só espírito!

Lembrai-vos, ó Pai, da vossa Igreja que se faz presente pelo mundo inteiro: que ela cresça na caridade com o papa N., com o nosso bispo N. e todos os ministros do vosso povo.

T: Lembrai-vos, ó Pai, da vossa Igreja!

***

Lembrai-vos do vosso filho (da vossa filha) N., que (hoje) chamastes deste mundo à vossa presença. Concedei-lhe que, tendo participado da morte de Cristo pelo Batismo, participe igualmente da sua Ressurreição.

T: Concedei-lhe contemplar a vossa face!

***

Lembrai-vos também dos (outros) nossos irmãos e irmãs que morreram na esperança da Ressurreição e de todos os que partiram desta vida: acolhei-os junto a vós na luz da vossa face.

T: Lembrai-vos, ó Pai, dos vossos filhos!

Enfim, nós vos pedimos, tende piedade de todos nós e dai-nos participar da vida eterna, com a Virgem Maria, mãe de Deus, São José, seu esposo, com os santos Apóstolos e todos os que neste mundo vos serviram, a fim de vos louvarmos e glorificarmos por Jesus Cristo, vosso Filho.

T: Concedei-nos o convívio dos eleitos!

Por Cristo, com Cristo, em Cristo, a vós, Deus Pai todo--poderoso, na unidade do Espírito Santo, toda a honra e toda a glória, agora e para sempre.

T: Amém!

Já de início, observamos que essa Oração Eucarística possui um *Prefácio próprio* que enfoca Jesus Cristo como o Verbo encarnado e nosso Salvador pelo seu Mistério Pascal. Após o canto do Santo, temos a *Epiclese*, seguida da *Narrativa da Ceia/Consagração, Aclamação, Anamnese* e *Ofertório*: "Celebrando, pois, a memória da morte e Ressurreição do vosso Filho, nós vos oferecemos, ó Pai, o pão da vida e o cálice da salvação...". Continuando, vem a *segunda Epiclese*, em que se pede que o Espírito Santo reúna todos num só corpo (unidade da Igreja). Seguem as *Intercessões* pela Igreja, pelo papa, pelos bispos e ministros; pelos mortos e pelos vivos, evocando a Virgem Maria, São José e os Apóstolos.

Finalmente, a *Doxologia* e o *Amém final*.

ORAÇÃO EUCARÍSTICA III

A Oração Eucarística III não possui Prefácio próprio, por isso mesmo este deve ser tomado do Próprio do Tempo ou do Dia. Ela inicia com uma abertura muito especial que faz menção ao Sl 112, que invoca o sacrifício vespertino do nascer ao pôr do sol. Menciona, também, a Santíssima Trindade como fonte de santidade. Vejamos:

> Na verdade, vós sois santo, ó Deus do universo, e tudo o que criastes proclama o vosso louvor, porque, por Jesus Cristo, vosso filho e Senhor nosso, e pela força do Espírito Santo, dais vida e santidade a todas as coisas e não cessais de reunir o vosso povo, para que vos ofereça em toda parte, do nascer ao pôr do sol, um sacrifício perfeito.
>
> T: Santificai e reuni o vosso povo!
>
> Por isso, nós vos suplicamos: santificai pelo Espírito Santo as oferendas que vos apresentamos para serem consagradas, a fim de que se tornem o Corpo † e o Sangue de Jesus Cristo, vosso Filho e Senhor nosso, que nos mandou celebrar este mistério.
>
> T: Santificai nossa oferenda, ó Senhor!
>
> Na noite em que ia ser entregue, ele tomou o pão, deu graças, e o partiu e deu a seus discípulos, dizendo: TOMAI, TODOS, E COMEI: ISTO É O MEU CORPO, QUE SERÁ ENTREGUE POR VÓS.

Do mesmo modo, ao fim da ceia, ele tomou o cálice em suas mãos, deu graças novamente e o deu a seus discípulos, dizendo: TOMAI, TODOS, E BEBEI: ESTE É O CÁLICE DO MEU SANGUE, O SANGUE DA NOVA E ETERNA ALIANÇA, QUE SERÁ DERRAMADO POR VÓS E POR TODOS, PARA A REMISSÃO DOS PECADOS. FA-ZEI ISTO EM MEMÓRIA DE MIM.

Eis o Mistério da fé!
T: Anunciamos, Senhor, a vossa morte e proclamamos a vossa Ressurreição. Vinde, Senhor Jesus!

Celebrando agora, ó Pai, a memória do vosso Filho, da sua paixão que nos salva, da sua gloriosa Ressurreição e da sua ascensão ao céu, e enquanto esperamos a sua nova vinda, nós vos oferecemos em ação de graças este sacrifício de vida e santidade.
T: Recebei, ó Senhor, a nossa oferta!

Olhai com bondade a oferenda da vossa Igreja, reconhe-cei o sacrifício que nos reconcilia convosco e concedei que, alimentando-nos com o Corpo e o Sangue do vosso Filho, sejamos repletos do Espírito Santo e nos tornemos em Cristo um só corpo e um só espírito.
T: Fazei de nós um só corpo e um só espírito!

Que ele faça de nós uma oferenda perfeita para alcan-çarmos a vida eterna com os vossos santos: a Virgem

Maria, mãe de Deus, São José, seu esposo, os vossos apóstolos e mártires (santo do dia ou padroeiro) e de todos os santos, que não cessam de interceder por nós na vossa presença.

T: Fazei de nós uma perfeita oferenda!

E agora, nós vos suplicamos, ó Pai, que este sacrifício da nossa reconciliação estenda a paz e a salvação ao mundo inteiro. Confirmai na fé e na caridade a vossa Igreja, enquanto caminha neste mundo: o vosso servo, o papa N., o nosso bispo N., com os bispos do mundo inteiro, o clero e todo o povo que conquistastes.

T: Lembrai-vos, ó Pai, da vossa Igreja!

Atendei as preces da vossa família, que está aqui, na vossa presença. Reuni em vós, Pai de misericórdia, todos os vossos filhos e filhas dispersos pelo mundo inteiro.

T: Lembrai-vos, ó Pai, dos vossos filhos!

Acolhei com bondade no vosso Reino os nossos irmãos e irmãs que partiram desta vida e todos os que morreram na vossa amizade. Unidos a eles, esperamos também nós saciar-nos eternamente da vossa glória, por Cristo, Senhor nosso.

T: A todos saciai com vossa glória!

Por ele dais ao mundo todo bem e toda graça.

Por Cristo, com Cristo, em Cristo, a vós, Deus Pai todo-
-poderoso, na unidade do Espírito Santo, toda a honra e
toda a glória, agora e para sempre.

T: Amém!

Após a abertura, apresenta-se a *Epiclese*, a *Narrativa da Ceia/ Consagração*, a *Aclamação* e o parágrafo relativo à *Anamnese* e ao *Ofertório*: "Celebrando agora, ó Pai, a memória do vosso Filho, da sua paixão que nos salva, da sua gloriosa Ressurreição e da sua ascensão ao céu, e enquanto esperamos a sua nova vinda, nós vos oferecemos em ação de graças este sacrifício de vida e santidade".

Nessa Oração temos um *segundo Ofertório* e uma *segunda Epiclese*, sempre com a mesma finalidade. As *Intercessões* aparecem em forma de oferecimento de cada um, evocando a Virgem Maria, São José, os Apóstolos, os Mártires e o Santo do Dia (esta possibilidade é própria dessa prece). Pede-se, também, pelo papa, pelos bispos, pelo clero e pelos vivos; seguidamente da Intercessão pelos mortos.

Como em todas, conclui-se com a *Doxologia*: "Por Cristo, com Cristo, em Cristo, a vós, Deus Pai todo-poderoso, na unidade do Espírito Santo, toda a honra e toda a glória, agora e para sempre"; e o *Amém final*.

ORAÇÃO EUCARÍSTICA IV

A Oração Eucarística IV tem uma particularidade, sobretudo antes da Consagração, pois traz toda a História da Salvação até chegar à Nova Aliança realizada por Jesus Cristo, o nosso Cordeiro imolado, e apresenta ainda um Prefácio próprio, em que se acentuam a grandeza da criação e a bondade de Deus como fonte de vida.

O Senhor esteja convosco.

T: Ele está no meio de nós.

Corações ao alto.

T: O nosso coração está em Deus.

Demos graças ao Senhor, nosso Deus.

T: É nosso dever e nossa salvação.

Na verdade, ó Pai, é nosso dever dar-vos graças, é nossa salvação dar-vos glória: só vós sois o Deus vivo e verdadeiro que existis antes de todo o tempo e permaneceis para sempre, habitando em luz inacessível. Mas, porque sois o Deus de bondade e a fonte da vida, fizestes todas as coisas para cobrir de bênçãos as vossas criaturas e a muitos alegrar com a vossa luz.

T: Alegrai-nos, ó Pai, com a vossa luz!

Eis, pois, diante de vós todos os anjos que vos servem e glorificam sem cessar, contemplando a vossa glória. Com eles, também nós e, por nossa voz, tudo o que criastes celebramos o vosso nome, cantando (dizendo) a uma só voz:

T: Santo, santo, santo...

Nós proclamamos a vossa grandeza, Pai santo, a sabedoria e o amor com que fizestes todas as coisas: criastes o homem e a mulher à vossa imagem e lhes confiastes todo o universo, para que, servindo a vós, seu criador, dominassem toda criatura. E, quando pela desobediência perderam a vossa amizade, não os abandonastes ao poder da morte, mas a todos socorrestes com bondade, para que, ao procurar-vos, vos pudessem encontrar.

T: Socorrei, com bondade, os que vos buscam!

E, ainda mais, oferecestes muitas vezes aliança aos homens e às mulheres e os instruístes pelos profetas na esperança da salvação. E de tal modo, Pai santo, amastes o mundo, que, chegada a plenitude dos tempos, nos enviastes vosso próprio Filho para ser o nosso Salvador.

T: Por amor nos enviastes vosso Filho!

Verdadeiro homem, concebido do Espírito Santo e nascido da Virgem Maria, viveu em tudo a condição humana, menos o pecado; anunciou aos pobres a salvação, aos oprimidos, a liberdade, aos tristes, a alegria. E, para realizar o vosso plano de amor, entregou-se à morte e, ressuscitando dos mortos, venceu a morte e renovou a vida.

T: Jesus Cristo deu-nos vida por sua morte!

E, a fim de não mais vivermos para nós, mas para ele, que por nós morreu e ressuscitou, enviou de vós, ó Pai, o

Espírito Santo, como primeiro dom aos vossos fiéis para santificar todas as coisas, levando à plenitude a sua obra.

T: Santificai-nos pelo dom do vosso Espírito!

Por isso, nós vos pedimos que o mesmo Espírito Santo santifique estas oferendas, a fim de que se tornem o Corpo † e o Sangue de Jesus Cristo, vosso Filho e Senhor nosso, para celebrarmos este grande mistério que ele nos deixou em sinal da eterna aliança.

T: Santificai nossa oferenda pelo Espírito.

Quando, pois, chegou a hora em que por vós, ó Pai, ia ser glorificado, tendo amado os seus que estavam no mundo, amou-os até o fim. Enquanto ceavam, ele tomou o pão, deu graças, e o partiu e deu a seus discípulos, dizendo: TOMAI, TODOS, E COMEI: ISTO É O MEU CORPO, QUE SERÁ ENTREGUE POR VÓS.

Do mesmo modo, ele tomou em suas mãos o cálice com vinho, deu graças novamente e o deu a seus discípulos, dizendo: TOMAI, TODOS, E BEBEI: ESTE É O CÁLICE DO MEU SANGUE, O SANGUE DA NOVA E ETERNA ALIANÇA, QUE SERÁ DERRAMADO POR VÓS E POR TODOS, PARA A REMISSÃO DOS PECADOS. FAZEI ISTO EM MEMÓRIA DE MIM.

Eis o Mistério da fé!

T: Anunciamos, Senhor, a vossa morte e proclamamos a vossa Ressurreição. Vinde, Senhor Jesus!

Celebrando, agora, ó Pai, a memória da nossa redenção, anunciamos a morte de Cristo e sua descida entre os mortos, proclamamos a sua Ressurreição e ascensão à vossa direita e, esperando a sua vinda gloriosa, nós vos oferecemos o seu Corpo e Sangue, sacrifício do vosso agrado e salvação do mundo inteiro.

T: Recebei, ó Senhor, a nossa oferta!

Olhai, com bondade, o sacrifício que destes à vossa Igreja e concedei aos que vamos participar do mesmo pão e do mesmo cálice que, reunidos pelo Espírito Santo num só corpo, nos tornemos em Cristo um sacrifício vivo para o louvor da vossa glória.

T: Fazei de nós um sacrifício de louvor!

E agora, ó Pai, lembrai-vos de todos pelos quais vos oferecemos este sacrifício: o vosso servo, o papa N., o nosso bispo N., os bispos do mundo inteiro, os presbíteros e todos os ministros, os fiéis que, em torno deste altar, vos oferecem este sacrifício, o povo que vos pertence e todos aqueles que vos procuram de coração sincero.

T: Lembrai-vos, ó Pai, dos vossos filhos!

Lembrai-vos também dos que morreram na paz do vosso Cristo e de todos os mortos, dos quais só vós conhecestes a fé.

T: A todos saciai com vossa glória!

E a todos nós, vossos filhos e filhas, concedei, ó Pai de bondade, que, com a Virgem Maria, mãe de Deus, São José, seu esposo, com os apóstolos e todos os santos, possamos alcançar a herança eterna no vosso Reino, onde, com todas as criaturas, libertas da corrupção do pecado e da morte, vos glorificaremos por Cristo, Senhor nosso.

T: Concedei-nos o convívio dos eleitos!

Por ele dais ao mundo todo bem e toda graça.

Por Cristo, com Cristo, em Cristo, a vós, Deus Pai todo-poderoso, na unidade do Espírito Santo, toda a honra e toda a glória, agora e para sempre.

T: Amém.

Após o canto do Santo, proclama-se a grandeza de Deus, evocando a criação do homem e da mulher, como também a queda original. Em um segundo momento, apresenta-se o modo como Deus desejou resgatar o seu povo, enviando profetas para alimentar a esperança da salvação e, finalmente, na plenitude dos tempos, o seu Filho, que veio ser o Libertador dos pobres, dos oprimidos e dos tristes, que, pelo seu Mistério Pascal e dom do Espírito Santo, levam à plenitude toda a obra da criação. Depois desse resumo da História da Salvação, temos a *primeira Epiclese*, seguida pela *Narrativa da Ceia/Consagração*.

Interessante notar que, em todas as Orações Eucarísticas, a *Aclamação* que segue à Consagração é sempre a mesma: "Eis o

Mistério da fé", com a resposta evocando o anúncio da Morte, Ressurreição e Segunda Vinda de Cristo. O Missal Romano apresenta opções para intervenção da assembleia, mas, sempre, com essa mesma teologia.

Em seguida, vem a *Anamnese* e o *Ofertório*: "Celebrando, agora, ó Pai, a memória da nossa redenção... Nós vos oferecemos o seu Corpo e Sangue, sacrifício do vosso agrado e salvação do mundo inteiro". *Segunda Epiclese*, *Intercessões* pela Igreja, pelo papa, bispo local e pelos bispos, presbíteros, ministros e o povo de Deus. Pede-se, como em todas, pelos mortos, pelos vivos, invocando a Virgem Maria, São José, os Apóstolos e santos; na esperança de sermos libertos da corrupção do pecado e glorificados.

Conclui-se, como de costume, com a *Doxologia* e o grande *Amém final*.

ORAÇÃO EUCARÍSTICA V – CONGRESSO EUCARÍSTICO DE MANAUS

Como já foi anunciado, esta Oração Eucarística procede do Congresso Eucarístico Nacional, realizado na cidade de Manaus, em 1975. É uma prece muito concisa e teológica que mostra a centralidade da Eucaristia na vida da Igreja. Ela também possui um Prefácio que reflete Jesus Cristo como o verdadeiro Sacerdote, o qual sempre se oferece por nós todos, pois foi ele mesmo que na Última Ceia deu à sua Igreja esse mandato. Vejamos:

O Senhor esteja convosco.

T: Ele está no meio de nós.

Corações ao alto.

T: O nosso coração está em Deus.

Demos graças ao Senhor, nosso Deus.

T: É nosso dever e nossa salvação.

É justo e nos faz todos ser mais santos louvar a vós, ó Pai, no mundo inteiro, de dia e de noite, agradecendo com Cristo, vosso Filho, nosso irmão. É ele o sacerdote verdadeiro que sempre se oferece por nós todos, mandando que se faça a mesma coisa que fez naquela ceia derradeira. Por isso, aqui estamos bem unidos, louvando e agradecendo com alegria, juntando nossa voz à voz dos anjos e à voz dos santos todos, para cantar (dizer):

T: Santo, santo, santo...

Senhor, vós que sempre quisestes ficar muito perto de nós, vivendo conosco no Cristo, falando conosco por ele, mandai vosso Espírito Santo, a fim de que as nossas ofertas se mudem no Corpo † e no Sangue de nosso Senhor Jesus Cristo.

T: Mandai vosso Espírito Santo!

Na noite em que ia ser entregue, ceando com seus apóstolos, Jesus, tendo o pão em suas mãos, olhou para o céu e deu graças, partiu o pão e o entregou a seus discípulos, dizendo: TOMAI, TODOS, E COMEI: ISTO É O MEU CORPO, QUE SERÁ ENTREGUE POR VÓS.

Do mesmo modo, ao fim da ceia, ele tomou o cálice em suas mãos, deu graças novamente e o deu a seus discípulos, dizendo: TOMAI, TODOS, E BEBEI: ESTE É O CÁLICE DO MEU SANGUE, O SANGUE DA NOVA E ETERNA ALIANÇA, QUE SERÁ DERRAMADO POR VÓS E POR TODOS, PARA A REMISSÃO DOS PECADOS. FAZEI ISTO EM MEMÓRIA DE MIM.

Tudo isto é Mistério da fé!

T: Toda vez que se come deste pão, toda vez que se bebe deste vinho, se recorda a paixão de Jesus Cristo e se fica esperando sua volta!

Recordamos, ó Pai, neste momento, a paixão de Jesus, nosso Senhor, sua Ressurreição e ascensão; nós queremos a vós oferecer este pão que alimenta e que dá vida, este vinho que nos salva e dá coragem.

T: Recebei, ó Senhor, a nossa oferta!

E, quando recebermos pão e vinho, o Corpo e Sangue dele oferecidos, o Espírito nos una num só corpo, para sermos um só povo em seu amor.

T: O Espírito nos una num só corpo!

Protegei vossa Igreja que caminha nas estradas do mundo rumo ao céu, cada dia renovando a esperança de chegar junto a vós, na vossa paz.
T: Caminhamos na estrada de Jesus!

Daí ao santo padre, o papa N., ser bem firme na fé, na caridade, e a N., que é bispo desta Igreja, muita luz para guiar o seu rebanho.
T: Caminhamos na estrada de Jesus!

Esperamos entrar na vida eterna com a virgem, mãe de Deus e da Igreja, São José, seu esposo, os apóstolos e todos os santos, que na vida souberam amar Cristo e seus irmãos.
T: Esperamos entrar na vida eterna!

A todos os que chamastes para outra vida na vossa amizade e aos marcados com o sinal da fé, abrindo vossos braços, acolhei-os. Que vivam para sempre bem felizes no Reino que para todos preparastes.
T: A todos dai a luz que não se apaga!

E a nós, que agora estamos reunidos e somos povo santo e pecador, dai força para construirmos juntos o vosso Reino, que também é nosso.

Por Cristo, com Cristo, em Cristo, a vós, Deus Pai todo-poderoso, na unidade do Espírito Santo, toda a honra e toda a glória, agora e para sempre.
T: Amém!

Logo após o Prefácio, já aparece a *primeira Epiclese*: "Senhor, vós que sempre quisestes ficar muito perto de nós, vivendo conosco no Cristo, falando conosco por ele, mandai vosso Espírito Santo, a fim de que as nossas ofertas se mudem no Corpo e no Sangue de nosso Senhor Jesus Cristo". Vêm, logo em seguida, a *Narrativa da Ceia/Consagração* e uma *Aclamação* própria dessa Prece Eucarística. Em seguida, a *Anamnese* e o *Ofertório*: "Recordamos, ó Pai, neste momento,... nós queremos a vós oferecer este pão que alimenta e que dá vida, este vinho que nos salva e dá coragem".

A *segunda Epiclese* tem sempre como finalidade invocar a unidade da Igreja e as *Intercessões* pela Igreja, pelo papa, pelo bispo, pelos mortos e vivos, para que tenhamos forças para construirmos, juntos, o Reino de Deus, que também é nosso.

Concluindo com a *Doxologia* e o *Amém final*.

AS DEMAIS OPÇÕES DE ORAÇÕES EUCARÍSTICAS

As outras Orações Eucarísticas somam um total de nove e aparecem no Missal Romano da seguinte maneira: quatro para diversas circunstâncias, com as seguintes temáticas: a primeira (VI-A), *A Igreja a caminho da unidade*; a segunda (VI-B), *Deus conduz a sua Igreja pelo caminho da salvação*; a terceira (VI-C), *Jesus caminho para o Pai*; a quarta (VI-D), *Jesus que passa fazendo o bem*. Duas sobre a Reconciliação (VII) e (VIII), finalmente, três para Missas com Crianças (IX), (X) e (XI). Todas elas possuem um Prefácio próprio, de acordo com a temática que vale a pena comentar. Quanto à estrutura, é a mesma das que já estudamos anteriormente. Vale lembrar que as quatro para Diversas Circunstâncias, as duas sobre a Reconciliação e para Missas com Crianças II e III são do tipo Alexandrino, portanto, possuem Intercessões apenas após a Narrativa da Ceia/Consagração. Já a para Missas com Crianças I é do tipo Antioqueno, possuindo Intercessões antes e depois da Consagração. Observa-se, ainda, a adequação linguística nas que tratam de celebrações com crianças.

Prefácio da Oração Eucarística VI-A (para Diversas Circunstâncias I)

Na verdade, é justo e necessário, é nosso dever e salvação dar-vos graças e cantar-vos um hino de glória e louvor, Senhor, Pai de infinita bondade. Pela palavra do evangelho do vosso Filho reunistes uma só Igreja de todos os povos, línguas e nações. Vivificada pela força do vosso Espírito, não deixais, por meio dela, de congregar na unidade todos os seres humanos. Assim, manifestando a aliança do vosso amor, a Igreja transmite constantemente a alegre esperança do vosso reino e brilha como sinal da vossa fidelidade que prometestes para sempre em Jesus Cristo, Senhor nosso. Por esta razão, com todas as virtudes do céu, nós vos celebramos na terra, cantando (dizendo) com toda a Igreja a uma só voz.

O Pai, o Filho e o Espírito Santo fazem a unidade da Igreja proveniente de todas as nações. Através dela, o Pai manifesta a fidelidade de sua aliança por meio do seu Filho e, assim, alimenta a nossa esperança.

Prefácio da Oração Eucarística VI-B (para Diversas Circunstâncias II)

Na verdade, é justo e necessário, é nosso dever e salvação dar-vos graças, sempre e em todo o lugar, Senhor, Pai santo, criador do mundo e fonte da vida. Nunca abandonais a obra da vossa sabedoria, agindo sempre no meio de nós. Com vosso braço poderoso, guiastes pelo deserto o vosso povo de Israel. Hoje, com a luz e a força do Espírito Santo, acompanhais sempre a vossa Igreja, peregrina neste mundo; e por Jesus Cristo, vosso Filho, a acompanhais pelos caminhos da história até a felicidade perfeita em vosso Reino. Por esta razão, também nós, com os anjos e santos, proclamamos a vossa glória, cantando (dizendo) a uma só voz.

Nosso Deus não é, apenas, um arquiteto do universo que realizou a sua obra e se afastou dela. Ele caminha conosco com o seu braço forte, assim como conduziu o povo de Israel pelo deserto, na primeira Páscoa. Com o Espírito Santo e Jesus Cristo, ele acompanha a sua Igreja pela história até atingir o seu destino, que é participar da plenitude do seu Reino.

Prefácio da Oração Eucarística VI-C
(para Diversas Circunstâncias III)

Na verdade, é justo e necessário, é nosso dever e salvação, dar-vos graças, sempre e em todo lugar, Pai santo, Senhor do céu e da terra, por Cristo, Senhor nosso. Pela vossa palavra criastes o universo e em vossa justiça tudo governais. Tendo-se encarnado, vós nos destes o vosso Filho como mediador. Ele nos dirigiu a vossa palavra, convidando-nos a seguir seus passos. Ele é o caminho que conduz para vós, a verdade que nos liberta e a vida que nos enche de alegria. Por vosso Filho, reunis em uma só família os homens e as mulheres criados para a glória de vosso nome, reunidos pelo sangue de sua cruz e marcados com o selo do vosso Espírito. Por essa razão, agora e sempre, nós nos unimos à multidão dos anjos e dos santos, cantando (dizendo) a uma só voz.

Evoca a criação e a justiça, grande atributo do Pai, o Justo. Ele nos deu o seu Filho, Nosso Senhor Jesus Cristo, por amor, para fazer a sua mediação com os homens. Nosso Salvador, portanto, apresenta-se como caminho, verdade e vida, fazendo a unidade dos povos pelo sangue da cruz e pelo selo do Espírito Santo.

Prefácio da Oração Eucarística VI-D
(para Diversas Circunstâncias IV)

Na verdade, é justo e necessário, é nosso dever e salvação dar-vos graças, sempre e em todo lugar, Pai misericordioso e Deus fiel. Vós nos deste vosso filho, Jesus Cristo, nosso Senhor e redentor. Ele sempre se mostrou cheio de misericórdia pelos pequenos e pobres, pelos doentes e pecadores, colocando-se ao lado dos perseguidos e marginalizados. Com a vida e a palavra anunciou ao mundo que sois Pai e cuidais de todos como filhos e filhas. Por essa razão, com todos os anjos e santos, nós vos louvamos e bendizemos, e proclamamos o hino de vossa glória, cantando (dizendo) a uma só voz.

Aqui, enfatiza-se a maneira como Jesus realizou a sua salvação, sempre incluindo os marginalizados e curando os doentes. Abarcou os pobres, os pequenos (humildes) e os pecadores, pois foi para isso mesmo que ele veio. Jesus é o grande Sacramento do Pai, pois foi ele que revelou o nosso Deus como aquele que cuida e que é sempre ternura e bondade, misericordioso eternamente, cuidando de todos os seus filhos.

Prefácio da Oração Eucarística VII
(sobre a Reconciliação I)

Na verdade, é justo e bom agradecer-vos, Deus Pai, porque constantemente nos chamais a viver na felicidade completa. Vós, Deus de ternura e de bondade, nunca vos cansais de perdoar. Ofereceis vosso perdão a todos, convidando os pecadores a entregar-se confiantes à vossa misericórdia.

T: Como é grande, ó Pai, a vossa misericórdia!

Jamais nos rejeitastes, quando quebramos a vossa aliança, mas, por Jesus, vosso Filho e nosso irmão, criastes com a família humana novo laço de amizade, tão estreito e forte, que nada poderá romper. Concedeis agora a vosso povo tempo de graça e reconciliação. Dai, pois, em Cristo, novo alento à vossa Igreja, para que se volte para vós. Fazei que, sempre mais dócil ao Espírito Santo, se coloque ao serviço de todos.

T: Como é grande, ó Pai, a vossa misericórdia!

Cheios de admiração e reconhecimento, unimos nossa voz à voz das multidões do céu para cantar o poder de vosso amor e alegria da nossa salvação.

Evoca a bondade de Deus que não se cansa de perdoar. Como Jesus mesmo nos ensinou que devemos perdoar setenta vezes sete (cf. Mt 18,15), ou seja, sempre. As Aclamações demonstram a reconciliação que o Pai nos dá através do atributo de MISERICÓRDIA. Afirma que nós sempre quebramos a aliança com Deus, mas ele toma a iniciativa e reata a amizade conosco, dando-nos um tempo de graça e reconciliação. A outra aclamação do povo é: "Esperamos, ó Cristo, a vossa vinda gloriosa".

Prefácio da Oração Eucarística VIII
(sobre a Reconciliação II)

Nós vos agradecemos, Deus Pai todo-poderoso, e por causa de vossa ação no mundo vos louvamos pelo Senhor Jesus. No meio da humanidade, dividida em contínua discórdia, sabemos por experiência que sempre levais as pessoas a procurar a reconciliação. Vosso Espírito Santo move os corações, de modo que os inimigos voltem à amizade, os adversários se deem as mãos e os povos procurem reencontrar a paz.

T: Fazei-nos, ó Pai, instrumentos de vossa paz!

Sim, ó Pai, porque é obra vossa que a busca da paz vença os conflitos, que o perdão supere o ódio e vingança dê lugar à reconciliação. Por tudo de bom que fazeis, Deus de misericórdia, não podemos deixar de vos louvar e agradecer. Unidos ao coro dos reconciliados, cantamos (dizemos) a uma só voz.

Agradece a Deus por despertar no coração das pessoas o desejo de se reconciliar por meio do Espírito Santo, pede que os inimigos e adversários voltem à amizade e que todas as nações trabalhem para a construção da paz. Louva ao Pai, que não deseja conflitos, nem ódio ou vingança, mas pede que nós, também, sejamos misericordiosos. Ainda nessa prece segunda, sobre a Reconciliação, encontramos duas Aclamações que se repetem: "Fazei-nos, ó Pai, instrumentos da vossa paz", e a outra: "Glória e louvor ao Pai, que em Cristo nos reconciliou".

Prefácio da Oração Eucarística IX
(para Missas com Crianças I)

Deus, nosso Pai, vós nos reunistes e aqui estamos todos juntos, para celebrar vossos louvores com o coração em festa. Nós vos louvamos por todas as coisas bonitas que existem no mundo e também pela alegria que dais a todos nós. Nós vos louvamos pela luz do dia e por vossa palavra que é nossa luz. Nós vos louvamos pela terra onde moram todas as pessoas. Obrigado pela vida que de vós recebemos.

T: O céu e a terra proclamam a vossa glória! Hosana nas alturas!

Sim, ó Pai, vós sois muito bom: amais a todos nós e fazeis por nós coisas maravilhosas. Vós sempre pensais em todos e quereis ficar perto de nós. Mandastes vosso Filho querido para viver no meio de nós. Jesus veio para nos salvar: curou os doentes, perdoou os pecadores. Mostrou a todos o vosso amor, ó Pai; acolheu e abençoou as crianças.

T: Bendito o que vem em nome do Senhor. Hosana nas alturas!

Nós não estamos sozinhos para cantar vossos louvores. Estamos bem unidos com a Igreja inteira: com o papa N., com o nosso bispo N. e com todos os nossos irmãos.

T: Bendito o que vem em nome do Senhor. Hosana nas alturas!

No céu também, ó Pai, todos cantam o vosso louvor: Maria, mãe de Jesus, os Apóstolos, São José, seu esposo, os anjos e os santos, vossos amigos. Nós, aqui na terra, unidos a eles, com todas as crianças do mundo e suas famílias, alegres cantamos (dizemos) a uma só voz.

Louva a Deus pela bonita criação, enfatizando a luz do dia. Agradeça-o pelo seu amor e por nos ter enviado o seu Filho. Apresenta, agora, a primeira Intercessão (aqui mais uma alusão), desta vez pelo papa e bispo, com a Aclamação: "Bendito o que vem em nome do Senhor. Hosana nas alturas!". Convoca para o louvor de Deus, três vezes Santo, a Virgem Maria, São José, os Apóstolos e todos os Santos. A outra Aclamação da assembleia é: "Com Jesus, recebei nossa vida".

Prefácio da Oração Eucarística X (para Missas com Crianças II)

Ó Pai querido, como é grande a nossa alegria em vos agradecer e, unidos com Jesus, cantar vosso louvor. Vós nos amais tanto que fizestes para nós este mundo tão grande e tão bonito.

T: Louvado seja o Pai que tanto nos amou!

Pai, vós nos amais tanto que nos deste vosso Filho Jesus para que ele nos leve até vós. Vós nos amais tanto que nos reunis em vosso Filho Jesus, como filhos e filhas da mesma família.

T: Louvado seja o Pai que tanto nos amou!

Por este amor tão grande queremos agradecer. Com os anjos e os santos, alegres, cantamos (dizemos) a uma só voz.

No Prefácio dessa Oração Eucarística encontramos um agradecimento alegre ao Pai que nos ama e nos deu um mundo grande e bonito. O amor de Deus se manifesta por ter enviado para nós o seu Filho, que nos constitui da mesma família. Por isso a Antífona de Aclamação é: "Louvado seja o Pai que tanto nos amou!". Já a Aclamação que vem depois da Consagração é: "Glória e louvor a Jesus que nos leva ao Pai".

Prefácio da Oração Eucarística XI
(para Missas com Crianças III)

Muito obrigado porque nos criastes, ó Deus. Queremos bem uns aos outros, viveremos no vosso amor. Vós nos dais a grande alegria de encontrar nossos amigos e conversar com eles. Podemos, assim, repartir com os outros as coisas bonitas que temos e as dificuldades que passamos.

T: Estamos alegres, ó Pai, e vos agradecemos!

Por isso estamos contentes, ó Pai, e aqui vimos para agradecer. Com todos que acreditam em vós e com os anjos e santos vos louvamos cantando (dizendo).

Curta, mas muito expressiva, essa Prece Eucarística começa com uma expressão de agradecimento: "Muito obrigado". Trata da alegria de encontrar os amigos para que possam repartir as coisas bonitas, como também, as dificuldades. Em agradecimento, convocar os anjos e santos para conosco cantar ao Deus três vezes Santo. Essa prece apresenta, também, duas Aclamações do povo: "Estamos alegres, ó Pai, e vos agradecemos" e "Com Jesus oferecemos, ó Pai, a nossa vida".

Veremos, agora, uma reflexão do Amém, que conclui a Oração Eucarística e que é de suma importância para a compreensão e realização do rito.

5. O AMÉM FINAL

Como já dissemos, o Amém tem como primeira finalidade ser o consentimento da Assembleia Litúrgica de tudo aquilo que foi dito e feito pelo sacerdote durante a Oração Eucarística.

Esse Amém é de suma importância na Eucaristia, sendo dito como resposta à glorificação do Pai, no Filho e pelo Espírito Santo. É uma adesão dos fiéis que acompanharam, com o coração, todo o texto da Oração Eucarística, participando, apenas, com discretas Aclamações.

O ideal é que a Doxologia seja cantada pelo celebrante, pois, de certo modo, induz os fiéis a cantarem o Amém final. Mesmo que o sacerdote não o cante, era bom que ele fosse sempre cantado pela assembleia. Santo Agostinho nos ensina que essa resposta à Doxologia é a "nossa assinatura, o nosso consentimento, nosso compromisso", concordando com tudo que se proclamou na Oração Eucarística. Ele dizia que, ao cantar esse Amém, os fiéis faziam tremer as colunas da sua Catedral de Hipona. E São Jerônimo nos lembra que, ao ser cantado, ele "retumbava como trovão" nas igrejas de Roma.

Hanel,[1] comentando o Amém que conclui a Prece Eucarística, diz:

> Não podemos nos limitar a dizer este Amém, palavra que não se traduz, mas a mais importante que um batizado pode pronunciar: Sim, eu estou presente, me envolvo... me comprometo... concordo... é verdade..., assino embaixo... é minha vida toda se oferecendo com Jesus, a única Oferta ao Pai. Amém! "Jesus Cristo é o nosso Amém, para glória de Deus Pai!"... Infelizmente, hoje se canta e se vibra pouco, por falta de compreensão do sentido profundo desse momento ritual. O Missal Romano, aliás, propõe diversas outras formas aclamativas, justamente para valorizar esta aclamação doxológica, de puro louvor, que deve soar como grito jubiloso, como adesão do ser inteiro, como experiência vital: Amém! Aleluia, Aleluia! – A Deus que é nosso Pai, amém, louvor e glória! – Amém, honra e louvor ao Pai que em Cristo nos salvou! – Cristo é o nosso Amém, para a glória de Deus Pai! Portanto, que nossa liturgia terrestre seja treinamento, preparação e começo do louvor do céu, em que ao Amém se acrescentará o Aleluia pascal da vida futura, da liturgia perfeita, do canto eterno, que os remidos pelo Sangue do Cordeiro cantarão a Deus sem cessar, como os anjos, conforme o Apocalipse de São

---

[1] HANEL, Lilian. Doxologia: o grande Amém. Disponível em: <http://www.diocesecampomourao.com.br/colunista/coluna/1/23/doxologia-o-grande-amem.html>. Acesso em: 27/08/2019.

João (cf Ap 19,1). No dizer de Santo Agostinho, descrevendo o canto do céu: "Assim como o canto da terra, tanto no plano natural como no religioso, é a expressão do amor do coração, a vida do homem no céu, participação do amor de Deus, consistirá necessariamente em um incessante canto de louvor". "Aquele que não louva nesta vida não poderá participar da outra, que consiste essencialmente em louvar a Deus" (Santo Agostinho).

Vê-se que a autora apresenta, com fundamentos bíblicos e patrísticos, a importância desse Amém que será eterno quando chegarmos ao Reino do Pai. É um canto pascal cantado pelos anjos e santos ao Pai, ao Filho e ao Espírito Santo. Diz-nos o Apocalipse de São João: "Ao anjo em Laodiceia escreve: 'Assim declara o Amém, a testemunha fiel e verdadeira, o Soberano da criação de Deus'" (Ap 3,14). O Amém, aqui, é identificado com Jesus Cristo, pois tudo foi feito por ele e para ele tudo existe. "É a imagem do Deus invisível, o primogênito de toda a criação; porque nele foram criadas todas as coisas que há nos céus e na terra, visíveis e invisíveis, sejam tronos, sejam dominações, sejam principados, sejam potestades. Tudo foi criado por ele e para ele" (Cl 1,15-16). Interessante citar, também, esse pensamento de Santo Agostinho, pois, na Liturgia Terrestre treinamos para cantar eternamente a Deus no Reino dos Céus.

Nas Sagradas Escrituras, o Amém aparece em vários sentidos, sendo pronunciado em uma bênção, profecia ou orações. Vejamos:

1Rs 1,36: "Então Benaia, filho de Joiada, respondeu ao rei, e disse: *Amém*; assim o diga o Senhor, Deus do rei meu senhor". (Quando Davi escolhe Salomão para sucedê-lo no trono e manda que chame o sacerdote Zadoque, o profeta Natã e Benaia, para ungi-lo rei de Israel, em Gion.)

1Cr 16,36: "Bendito seja o Senhor Deus de Israel, de eternidade a eternidade. E todo o povo disse: *Amém!* E louvou ao Senhor.

Ne 5,13: "E toda a comunidade disse: Amém! E louvaram ao Senhor; e o povo fez conforme esta palavra". (Observa-se, aqui, que o termo já era usado nas Assembleias Litúrgicas.)

Jesus, também, fez uso do Amém no sentido de apontar para a sua própria autoridade, ou seja, que seus ensinamentos são verdadeiros. Por isso, sempre que profere a expressão: "Em verdade, em verdade vos digo", ele está dizendo *Amém*, pois "Em verdade" é a sua tradução original. Vejamos alguns textos:

Mt 5,18: "Porque *em verdade* vos digo que, até que o céu e a terra passem, nem um jota ou til jamais passará sem que tudo seja cumprido".

Lc 4,24: "*Em verdade* vos digo que nenhum profeta é bem recebido em sua pátria".

Jo 6, 47: "*Em verdade, em verdade* vos digo que aquele que crê em mim tem a vida eterna".

O Amém, portanto, para Jesus Cristo, indica que suas palavras são verdadeiras, dignas de credibilidade. Esse é o mesmo sentido que damos a essa palavra ao finalizar a Oração Eucarística, ou seja, que os fiéis estão de acordo com tudo aquilo que o sacerdote pronunciou e fez, como na Igreja primitiva, que a utilizava com o mesmo sentido de demonstrar a aprovação daqueles que participavam e ouviam as orações. Vejamos na Primeira Carta de São Paulo aos Coríntios:

> Que farei, pois? Orarei com o espírito, mas também orarei com o entendimento; cantarei com o espírito, mas também cantarei com o entendimento. De outra maneira, se tu bendisseres com o espírito, como dirá aquele que ocupa o lugar de ignorante, o *Amém*, sobre a tua ação de graças, visto que não sabe o que dizes? (1Cor 14,15-16).

Vemos, aqui, com clareza, que o Amém, já nas Comunidades Paulinas, era usado para confirmar a ação de graças, que podia ser a finalização da Celebração Eucarística, pois na Igreja primitiva dar graças significava sempre Eucaristia.

E, parafraseando o final do capítulo 22 do livro do Apocalipse, afirmamos que *o Espírito e a Esposa dizem: Amém! Vem, Senhor Jesus!* (cf. Ap 22,17.20). A Esposa é a Igreja, que somos todos nós que afirmamos com o Amém a certeza da segunda vinda do Senhor.

Por isso que esse Amém final deveria ser sempre cantado, já que a Oração Eucarística é proferida, apenas, pelos sacerdotes.

6. SUGESTÃO DE UMA ORAÇÃO EUCARÍSTICA PARA O DIA MUNDIAL DOS POBRES

Instituído pelo Papa Francisco, o Dia Mundial dos Pobres é sempre celebrado no Trigésimo Terceiro Domingo do Tempo Comum, cujos textos da Missa já apontam à temática da Parusia,[1] própria da primeira parte do Tempo do Advento, aquele que chamamos de Escatológico, por nos preparar para a segunda vinda de Jesus Cristo.

Em sua mensagem para o III Dia Mundial dos Pobres, em 17 de novembro de 2019, o santo padre, o Papa Francisco, nos ensina que *a esperança dos pobres jamais se frustrará* (cf. Sl 9,19) e que:

Aos olhos do mundo, é irracional pensar que a pobreza e a indigência possam ter uma força salvífica; e, todavia, é

---

[1] Termo que designa a segunda vinda de Cristo no final dos tempos.

o que ensina o Apóstolo, quando diz: *"Humanamente falando, não há entre vós muitos sábios, nem muitos poderosos, nem muitos nobres. Mas o que há de louco no mundo é que Deus escolheu para confundir os sábios; e o que há de fraco no mundo é que Deus escolheu para confundir o que é forte. O que o mundo considera vil e desprezível é que Deus escolheu; escolheu os que nada são, para reduzir a nada aqueles que são alguma coisa. Assim, ninguém se pode vangloriar diante de Deus"*[2] *(1Cor 1,26-29)*. Com os olhos humanos, não se consegue ver essa força salvífica; mas, com os olhos da fé, é possível vê-la em ação e experimentá-la pessoalmente. No coração do povo de Deus em caminho, palpita essa força salvífica que não exclui ninguém, e a todos envolve numa verdadeira peregrinação de conversão para reconhecer os pobres e amá-los. O Senhor não abandona a quem o procura e a quantos o invocam; "não esquece o clamor dos pobres" (Sl 9,13), porque os seus ouvidos estão atentos à sua voz. A esperança do pobre desafia as várias condições de morte, porque sabe que é particularmente amado por Deus e, assim, triunfa sobre o sofrimento e a exclusão. A sua condição de pobreza não lhe tira a dignidade que recebeu do Criador; vive na certeza de que a mesma ser-lhe-á restabelecida plenamente pelo próprio Deus. Ele não fica indiferente à sorte dos seus filhos mais frágeis; pelo contrário, observa as suas fadigas e sofrimentos, para os tomar na

---

[2] Nas citações bíblicas, os grifos são nossos.

sua mão, e dá-lhes força e coragem (cf. Sl 10,14). A esperança do pobre torna-se forte com a certeza de que é acolhido pelo Senhor, n'Ele encontra verdadeira justiça, fica revigorado no coração para continuar a amar (cf. Sl 10,17).

Assim, o Papa Francisco nos alerta que os pobres de Javé são caminhos seguros para a salvação e que eles têm a mesma dignidade de todos; são filhos amados de Deus, que manifesta a sua força na fraqueza, por isso é que a esperança dos pobres não será confundida (cf. Sl 9,19).

Como já dissemos na apresentação, não temos a pretensão de que esta nossa Oração Eucarística seja utilizada nas celebrações das Missas, mas a construímos neste compêndio, *apenas, com finalidade pedagógica, para que facilite a aprendizagem daqueles que nos leem*; a fim de que, a partir de uma construção significativa, ficassem bem claras todas as partes indispensáveis para que uma Oração Eucarística exista.

Essa Prece Eucarística foi composta no estilo Alexandrino, possuindo Intercessões, apenas, após a Consagração. Vejamos:

ORAÇÃO EUCARÍSTICA PARA O DIA MUNDIAL DOS POBRES – 33º DOMINGO DO TEMPO COMUM

Prefácio

O Senhor esteja convosco.

Ele está no meio de nós.

Corações ao alto.

O nosso coração está em Deus.

Demos graças ao Senhor nosso Deus.

É nosso dever e nossa salvação.

Na verdade, ó Pai, é nosso dever dar-vos graças, é nossa salvação dar-vos glória, sempre e em todo o lugar, pois neste domingo de alegria entoamos um hino novo para cantar a glória da Ressurreição do vosso Filho, pois por ela conquistastes para nós a esperança que dá sentido ao nosso viver, indicando-nos que, pelo caminho da pobreza e humildade, poderemos participar do vosso banquete.

T. Com carinho preparastes uma mesa para o pobre (cf. Sl 67).

Vosso Filho, Nosso Senhor Jesus Cristo, pregou a vossa Boa-Nova aos pobres e a Virgem Maria, sua mãe, também profetizou que os ricos seriam dispersos de mãos vazias e que as dos famintos ficariam cheias de bens. Celebrando, hoje, a vitória dos humildes e pobres que ele ensinou serem os privilegiados do teu Reino, cantamos a vós, com os anjos e santos a uma só voz:

Santo, Santo, Santo, Senhor Deus do universo, os céus e...

NARRATIVA DA CEIA/CONSAGRAÇÃO

Verdadeiramente, vós sois Santo, ó Pai, e confiando na vossa bondade pedimos que *envie o Espírito Santo –* (PRIMEIRA EPICLESE) – para que estas nossas ofertas se transformem no Corpo † e Sangue de Jesus Cristo, nosso Senhor.

Na noite em que ele foi entregue, no momento da Ceia Pascal, tomou o pão, deu graças e o partiu dizendo: ESTE É O MEU CORPO QUE SERÁ ENTREGUE POR VÓS. FAZEI ISTO EM MEMÓRIA DE MIM.

Antes de concluir a ceia, tomou o cálice, pronunciou a bênção e disse: ESTE É O CÁLICE DO MEU SANGUE; O SANGUE DA NOVA E ETERNA ALIANÇA QUE SERÁ DERRAMADO POR VÓS E POR TODOS, PARA A REMISSÃO DOS PECADOS. FAZEI ISTO EM MEMÓRIA DE MIM.

· Eis o Mistério da fé.

T. Todas as vezes que comemos deste pão e bebemos deste cálice, anunciamos, Senhor, a vossa morte enquanto esperamos vossa vinda.

ANAMNESE E OFERTÓRIO

Comemorando a memória da morte e Ressurreição do vosso Filho, como também a sua subida ao mais alto do céu, e enquanto esperamos o dia sem ocaso da sua vinda gloriosa, entre as nuvens do céu, *nós vos oferece-mos o seu Corpo e Sangue*, que é o sacrifício de amor que vos agrada e que nos traz a salvação.

T. Com os pobres de Jesus, nós vos agradecemos, Senhor.

SEGUNDA EPICLESE

Ó Pai, que por vosso Filho *sejamos sempre repletos do Espírito Santo*, dom ofertado por ele no dia de sua Ressurreição; a fim de que vivamos na unidade, conforme o seu pedido: para que todos nós sejamos um, como vós e ele estão sempre juntos.

T. Com os pobres de Jesus, nós vos agradecemos, Senhor.

INTERCESSÕES

Recordai-vos, ó Pai, da Igreja, comunidade de amor for-mada por vosso Filho. Que ela sempre cresça em santi-dade *com o papa N., o nosso bispo N., os presbíteros, diáconos e todo vosso povo eleito.*

T. Com os pobres de Jesus, nós vos agradecemos, Senhor.

Não te esqueças, também, daqueles que morreram na esperança da Ressurreição. E, hoje pedimos *por N.N.*, a fim de que cheguem à tua luz.

T. Com os pobres de Jesus, nós vos agradecemos, Senhor.

Lembrai-vos de todos nós que estamos a caminho do vosso Reino definitivo a fim de convivermos com a

Virgem Maria, mãe de Jesus, São José, seu esposo, os Apóstolos e todos os santos; para que sejamos vigilantes e vivamos aqui em solidariedade com nossos irmãos carentes, inspirados nos ensinamentos do vosso Filho que nos disse: "Bem-aventurados os pobres, porque deles é o Reino dos Céus".

T. Com os pobres de Jesus, nós vos agradecemos, Senhor.

DOXOLOGIA

Por Cristo, com Cristo, em Cristo, a vós Deus Pai todo-poderoso, na unidade do Espírito Santo, toda a honra e toda a glória, agora e para sempre.

AMÉM FINAL

T. Amém.

Podemos observar na Oração Eucarística acima que o Prefácio evoca o tema da pobreza como sendo o caminho seguro para estar com o Senhor, pois ele escolheu esta estrada enquanto viveu entre nós: nasceu na pobreza; viveu na simplicidade da carpintaria e realizou sua missão de Salvador no despojamento. Ele mesmo disse que o Filho do Homem não tinha onde repousar a sua cabeça: "As raposas têm suas tocas e as aves do céu têm seus ninhos, mas o Filho do Homem não tem onde repousar a *cabeça*" (Mt 8,20).

Na *Anamnese*, encontramos relação com a temática escatológica, própria do final do Ano Litúrgico e da primeira parte do

Advento: "... E enquanto esperamos o dia sem ocaso da sua vinda gloriosa, entre as nuvens do céu...".

As *Aclamações da assembleia* convidam os pobres de Jesus a agradecerem, sempre, ao Senhor, ou seja, a fazerem Eucaristia. Sendo que a primeira Aclamação, ainda no Prefácio, é um versículo do Sl 67(68), onde se afirma que é o próprio Senhor que prepara uma mesa para os pobres.

Também no final da *Intercessão pelos vivos* se menciona a primeira Bem-Aventurança: "Bem-aventurados os pobres, porque deles é o Reino do Céu" (Lc 6,20).

7. NOTAS PASTORAIS

Toda atividade pastoral que se desenvolve na Liturgia é fundamental para o maior entendimento do rito e, consequentemente, facilita a participação ativa e consciente dos fiéis, a fim de que se convertam.

Em primeiro lugar, a *importância do silêncio litúrgico*, que deverá ser resgatado como um momento privilegiado de interiorização, pois, antes e durante a celebração, estamos, sempre, diante do Senhor e dos seus anjos; o próprio Santo da Missa, que conclui o Prefácio, pede que nos unamos à Liturgia do Céu para cantar o louvor do Senhor. Por isso é que a nossa voz deve se juntar à dos anjos e santos todos. É no silêncio que mantemos o nosso coração em Deus.

Toda *atenção é necessária para a escolha da Oração Eucarística*. Leve-se em conta se é uma Missa Dominical ou Ferial, como também uma festa ou solenidade. Deve-se escolher sempre o Prefácio que case com a celebração e observar se alguma Prece Eucarística está em relação com o tema da referida Missa, para que se aprofunde aquilo que a Igreja deseja ensinar ao celebrar seus tempos e festas litúrgicas. O canto do Prefácio e das Aclamações do povo na Oração Eucarística deve-se deixar para o domingo e os dias festivos. Como dissemos, anteriormente, o Amém final deveria ser sempre cantado como maneira solene de encerrar a Missa propriamente dita, pois, depois daqui, começam-se os Ritos de Comunhão com Pai-Nosso. Se ocorrer uma festa ou solenidade durante a semana, pode-se solenizar, cantando o Prefácio e as Aclamações dos fiéis.

Não se deve esquecer que *durante a proclamação da Oração Eucarística os nomes do papa e do bispo deverão ser pronunciados, apenas, pelo celebrante principal ou concelebrantes*, como também a *Doxologia*: "Por Cristo, com Cristo, em Cristo...". Como já dissemos, com o canto do Amém final, toda a assembleia dá a sua aprovação sobre aquilo que foi dito pelo sacerdote.

Sugerimos, também, que a Comunidade Paroquial possa ser mais bem preparada para as ações litúrgicas, isto pelo *estudo das Sagradas Escrituras e dos Padres da Igreja*, pois estas duas fontes possuem muitos textos que explicam e exprimem o mistério da Missa e a fundamentação teórica e prática para a construção das Orações Eucarísticas. O período que compreende os três primeiros séculos da história do Cristianismo deixou para a Igreja três importantes testemunhos sobre a Liturgia Eucarística. A *Didaqué*, do final do século primeiro, desenvolve a teologia do Batismo, da Penitência e da Eucaristia, descrevendo as orações e rituais que eram realizados sobre o pão e o vinho. Outro aspecto importante é o da unidade da Igreja, pois, como vimos, existe nas Orações Eucarísticas uma segunda Epiclese que pede ao Espírito Santo que venha para unir a comunidade dos seguidores de Jesus. São Justino destaca a Celebração Eucarística no Dia do Sol e Hipólito de Roma nos dá a segunda Oração Eucarística presente agora no Missal de São Paulo VI. A Didaqué nos informa:

> Nós vos damos graças, ó nosso Pai, pela vida e pelo conhecimento que nos revelastes por meio de Jesus Cristo, vosso servo. Glória a vós pelos séculos! Assim como este pão aqui partido estava antes esparso pelos vales, e após ter sido recolhido tornou-se "um", assim também acolhei a vossa Igreja desde as extremidades da terra para o vosso Reino. Porque vossa é a glória e o poder, por Jesus Cristo nos séculos [...].[1]

Portanto, a ação de graças é dada sobre o pão que representa a unidade. Faz-se uma menção, em forma de Intercessão, pela Igreja, como nas atuais Orações Eucarísticas. Santo Inácio de Antioquia também traz essa realidade como espaço de unidade, em que os fiéis, ao receberem o Corpo do Senhor, criam aquele verdadeiro Corpo que é a Igreja. Ele dizia: "Uma só carne de Cristo, uma só Eucaristia, uma só Igreja".[2]

---

[1] *Didaqué*. Petrópolis (RJ): Vozes, 1973; n. 10.

[2] In mimeo.

Interessante que se façam *Oficinas Paroquiais* com treino e construção de Orações Eucarísticas para os diversos momentos do Ano Litúrgico, assim os fiéis, sobretudo os mais engajados, vão se apropriando do teor teológico e litúrgico das Anáforas e tornar-se-ão multiplicadores desses ensinamentos, pois, tomando consciência dos significados das celebrações, a participação de todos será mais plena e terá um efeito positivo na vida espiritual.

É fundamental também motivar, entre a assembleia, *a importância da oração de qualidade*, pois só assim se evitam o ritualismo e o mero rubricismo, que levam o fiel a deixar de rezar e, infelizmente, muitas vezes, a críticas e correções fora de hora. Não esqueçamos que neste momento o nosso coração está em Deus, como afirmamos no início do Prefácio.

O *Catecismo da Igreja Católica* (CIC), no n. 1206, assegura-nos que:

> A diversidade litúrgica pode ser fonte de enriquecimento, mas também pode provocar tensões, incompreensões recíprocas e até cismas. Neste domínio, é claro que a diversidade não deve prejudicar a unidade. Ela só pode exprimir-se na fidelidade à fé comum, aos sinais sacramentais que a Igreja recebeu de Cristo e à comunhão hierárquica. A adaptação às culturas exige uma conversão do coração e, se necessário, rupturas com hábitos ancestrais incompatíveis com a fé católica.

Como vemos, é necessário *garantir a unidade da Igreja*, mesmo que os pensamentos divirjam ou a vontade de corrigir apareça no momento da ação litúrgica. Tudo isso poderá ser feito, como correção fraterna, em momentos e locais mais apropriados, sempre com o consentimento da hierarquia eclesiástica, para nos mantermos fiéis à Tradição.

O CIC ainda nos ensina que as diversas tradições litúrgicas, ou ritos, reconhecidos pela autoridade da Igreja, uma vez que significam e comunicam o mesmo Mistério de Cristo, manifestam a sua catolicidade, e que o critério que garante a unidade na variedade das tradições litúrgicas é a fidelidade à Tradição Apostólica, ou seja, a comunhão na fé e nos sacramentos recebidos dos Apóstolos, comunhão esta que é garantida pela sucessão apostólica (cf. CIC, nn. 1208 e 1209).

Resumindo as pistas pastorais que foram sugeridas:

1. Um silêncio litúrgico.

2. Atenção ao momento litúrgico e aos textos do dia, para escolha da Oração Eucarística.

3. Toda a Oração Eucarística é dita pelo(s) sacerdote(s). Deve-se observar que o nome do papa, do bispo, como também a Doxologia, são orações do celebrante.

4. Importância do estudo das Sagradas Escrituras e dos Padres da Igreja, no que se refere às partes de uma Oração Eucarística.

5. Incentivo à realização de Oficinas Paroquias Litúrgicas.

6. Importância da oração de qualidade.

7. Garantir a unidade da Igreja, mesmo na diversidade, pois esta comunhão é fruto da própria Eucaristia.

Passaremos, agora, para uma proposta de Adoração Eucarística que poderá ser utilizada em qualquer período do calendário das celebrações, independentemente do dia e tempo litúrgicos.

8. ADORAÇÃO EUCARÍSTICA

Canto eucarístico

Leitor 1: Senhor Jesus, nós cremos firmemente que estás aqui presente diante de nós, no mistério do teu Corpo e Sangue. Prepara o nosso coração para este momento de encontro contigo, pois queremos te ouvir e abrir nossa mente para os teus apelos. Vivemos em um mundo sem silêncio e agitado; ajuda-nos a permanecer na tua presença, sem dispersão, para que possamos ouvir os teus apelos e ter a certeza daquilo que desejas para nós.

T. Pão em todas as mesas, da Páscoa a nova certeza./A festa haverá e o povo a cantar, aleluia![1]

Leitor 2: Senhor Jesus, no deserto, o Pai preparou um banquete de aliança firmado com Moisés e o povo eleito. Todos afirmaram que aceitariam os seus preceitos,

---

[1] ZÉ VICENTE. Pão em todas as mesas. Disponível em: <https://www.letras.mus.br/ze-vicente/1419622/>. Acesso em: 10/09/2019.

e se banquetearam com o mesmo alimento. Esse povo rompeu a aliança e tentou o Deus de Israel. Tu és a nova e definitiva aliança e resumiste teu mandamento no amor ao Pai e ao próximo. Faz com que possamos sempre estar atentos aos teus ensinamentos e verdadeiramente perdoemos e amemos os nossos semelhantes.

T. Pão em todas as mesas, da Páscoa a nova certeza./A festa haverá e o povo a cantar, aleluia!

Leitor 3: Leitura do Livro do Êxodo (24,1-8).

Depois, disse a Moisés: "Sobe ao Senhor, tu e Arão, Nadab e Abiú, e setenta dos anciãos de Israel; e inclinai-vos de longe. E só Moisés se chegará ao Senhor; mas eles não se cheguem, nem o povo suba com ele".

Vindo, pois, Moisés e contando ao povo todas as palavras do Senhor e todos os estatutos, então, o povo respondeu a uma voz, dizendo: "Todas as palavras que o Senhor tem falado faremos". E Moisés escreveu todas as palavras do Senhor, e levantou-se pela manhã de madrugada, e edificou um altar ao pé do monte e doze colunas, segundo as doze tribos de Israel; e enviou certos jovens dos filhos de Israel, os quais ofereceram holocaustos e sacrificaram ao Senhor sacrifícios pacíficos de bezerros. E Moisés tomou a metade do sangue e a pôs em bacias; e a outra metade do sangue espargiu sobre o altar. E tomou o livro e o leu aos ouvidos do povo, e eles disseram: "Tudo o que o Senhor tem falado faremos e obedeceremos". Então, tomou Moisés aquele sangue, e o aspergiu sobre o povo, e disse: "Eis aqui o sangue da aliança que o Senhor fez convosco sobre todas estas palavras". PALAVRA DO SENHOR.

Salmista 1: (Sl 105,44-48).

Antífona: **Recordou-se de sua aliança e se compadeceu do seu povo.**

Ele olhou para a angústia deles, ao ouvir seus clamores.

Recordou-se de sua aliança com eles e, em seu grande amor, deles se compadeceu.

Salvai-nos, Senhor nosso Deus, e congregai-nos do meio das nações, para darmos graças a teu santo nome, gloriando-nos sempre no teu louvor.

Bendito seja o Senhor Deus de Israel, desde sempre e para sempre! E todo o povo diga, amém e cante aleluia! Amém! Aleluia!

(*Silêncio.*)

Leitor 1: Senhor Jesus, o maná do deserto prefigurava o mistério do teu Corpo e Sangue, o alimento que tem valor de eternidade. Aqui estamos diante de ti e queremos ser fiéis à aliança que iniciaste conosco no dia do nosso Batismo. Pedimos a graça de te seguir na obediência, simplicidade, pobreza, discrição, paciência e despojamento. E que, recebendo a Eucaristia, possamos nos fortalecer na fé e, um dia, participar do teu banquete no Reino do Pai.

T. Pão em todas as mesas, da Páscoa a nova certeza. / A festa haverá e o povo a cantar, aleluia!

· **Leitor 2:** Na Última Ceia, celebraste a primeira Missa com os teus Apóstolos e lá rezaste pela unidade de tua Igreja. "Eu não rogo somente por estes, mas também por aqueles que hão de crer em mim; para que todos sejam um, como tu, ó Pai, estás em mim e eu em ti; que eles sejam um em nós" (Jo 17,20-21a). Faze, Senhor Jesus, com que trabalhemos em prol da unidade e que nunca aceitemos divisões entre nós, pois onde há o amor, tu estais presente, como agora na Eucaristia.

T. Pão em todas as mesas, da Páscoa a nova certeza./A festa haverá e o povo a cantar, aleluia!

Leitor 3: Leitura do Evangelho segundo Marcos (14,22-25).

E, comendo eles, tomou Jesus o pão e, abençoando-o, o partiu e deu a eles dizendo: "Tomai, comei, isto é o meu corpo". E, tomando o cálice, dando graças, deu a todos que beberam dele. E disse-lhes: "Isto é o meu sangue, o sangue da nova aliança que é derramado por muitos. Em verdade vos digo que não beberei mais do fruto da videira, até aquele dia em que o beber de novo no reino do meu Pai". PALAVRA DO SENHOR.

Salmista 2: (Sl 147,12-19).

Antífona: O Senhor te sacia com a flor do trigo.

Glorifica o SENHOR, Jerusalém!

Ó Sião, louva teu Deus!

Pois ele reforçou as trancas de teus portões

e abençoou teus filhos em teu meio.

A paz em teus limites garantiu,

e te dá como alimento a flor do trigo.

Ele envia suas ordens para a terra;

e a palavra que ele diz corre veloz.

Ele faz cair a neve como lã,

e espalha a geada como cinza.

Lança de pão as migalhas como o granizo;

e ao seu frio ficam as águas congeladas.

Ele envia sua palavra e as derrete;

sopra o vento e de novo as águas correm.

Ele proclama a Jacó sua palavra,

a Israel, seus decretos e suas decisões.

(*Silêncio.*)

Canto eucarístico

Leitor 1: Quem come a minha carne e bebe o meu sangue tem a vida eterna e eu o ressuscitarei no último dia. Senhor, esta tua palavra é consolo para nós, pois aumenta a esperança na Ressurreição da carne e a certeza de convivermos contigo para sempre. Sabemos que a vontade do Pai é que todos aqueles que creem tenham a vida eterna. Queremos permanecer junto a ti e, por isso, agradecemos a tua presença em nosso meio nas espécies do pão e do vinho. Dá-nos sempre deste pão, até o dia em que cearemos contigo no Reino do Céu.

T. Pão em todas as mesas, da Páscoa a nova certeza./A festa haverá e o povo a cantar, aleluia!

Leitor 2: A tua mãe, a Virgem Maria, no *Magnificat*, proclama que as mãos dos famintos foram cheias de bens e os ricos dispersos de mãos vazias. Ainda hoje são muitos os necessitados, porque falta a partilha e vivemos numa cultura em que impera a competição e o egocentrismo. Se todos repartissem como tu se dá na Eucaristia, não haveria divisão entre as pessoas nem famintos na tua Igreja. Faze com que o mundo compreenda a igualdade dos povos e que os bens da terra são comuns a todos.

T. Pão em todas as mesas, da Páscoa a nova certeza./A festa haverá e o povo a cantar, aleluia!

Leitor 3: Leitura do Evangelho segundo João (Jo 6,26-40).

Jesus respondeu-lhes e disse: "Na verdade, na verdade vos digo que me buscais, não pelos sinais que vistes, mas porque comestes do pão e vos saciastes.

Trabalhai, não pela comida que perece, mas pela comida que permanece para a vida eterna, a qual o Filho do Homem vos dará; porque a este o Pai, Deus, o selou".

Disseram-lhe, pois: "Que faremos para executarmos as obras de Deus?".

Jesus respondeu, e disse-lhes: "A obra de Deus é esta: Que creiais naquele que ele enviou".

Disseram-lhe, pois: "Que sinal, pois, fazes tu, para que o vejamos, e creiamos em ti? Que operas tu? Nossos pais comeram o maná no deserto, como está escrito: 'Deu-lhes a comer o pão do céu'".

Disse-lhes, pois, Jesus: "Na verdade, na verdade vos digo: Moisés não vos deu o pão do céu; mas meu Pai vos dá o verdadeiro pão do céu. Porque o pão de Deus é aquele que desce do céu e dá vida ao mundo".

Disseram-lhe, pois: "Senhor, dá-nos sempre desse pão".

E Jesus lhes disse: "Eu sou o pão da vida; aquele que vem a mim não terá fome, e quem crê em mim nunca terá sede. Mas já vos disse que também vós me vistes, e, contudo, não credes. Todo o que o Pai me dá virá a mim; e o que vem a mim de maneira nenhuma o lançarei fora. Porque eu desci do céu, não para fazer a minha vontade, mas a vontade daquele que me enviou. E a vontade do Pai que me enviou é esta: Que nenhum de todos aqueles que me deu se perca, mas que o ressuscite no último dia. Porquanto a vontade daquele que me enviou é esta: Que todo aquele que vê o Filho, e crê nele, tenha a vida eterna; e eu o ressuscitarei no último dia".

PALAVRA DO SENHOR.

Salmista 3: (Sl 115,12-18).

Antífona: **O cálice por nós abençoado é a nossa comunhão com o sangue do Senhor.**[2]

Que poderei retribuir ao Senhor Deus
por tudo aquilo que ele fez em meu favor?
Elevo o cálice da minha salvação,
invocando o nome santo do Senhor.
É sentida por demais pelo Senhor
a morte de seus santos, seus amigos.
Eis que sou o vosso servo, ó Senhor,
mas me quebrastes os grilhões da escravidão!

---

[2] *Missal dominical.* 7. ed. São Paulo: Paulus, 1995. p. 297.

Por isso oferto um sacrifício de louvor,

invocando o nome santo do Senhor.

Vou cumprir minhas promessas, ó Senhor,

na presença de seu povo reunido.

(*Silêncio.*)

(**Orações espontâneas – partilha.**)

Oração conclusiva

OREMOS. Ó Deus, nós vos agradecemos por ter dado à Igreja o memorial da Paixão, Morte e Ressurreição do vosso Filho, nosso Salvador, como também os sacerdotes da nova aliança, para renová-la a cada dia até a sua volta. Fazei com que, recebendo-o em alimento, sejamos fortalecidos na fé para combater o mal e todos os apelos que nos afastam de ti. Nós vos pedimos por ele, que vive convosco na unidade do Espírito Santo. AMÉM.

Canto eucarístico

Vamos às nossas considerações finais que, aqui, têm o caráter de convite, pois todos somos convidados a subir ao altar do Senhor e, com ele, celebrar, na alegria e sincero espírito de oração, a Eucaristia.

9. SIM, IREI AO ALTAR DO SENHOR

Vivemos aqui na terra com os olhos fixos no céu! Lá o Senhor nos espera para o grande banquete universal: "Bem-aventurados aqueles servos, os quais, quando o Senhor vier, achar vigiando! Em verdade vos digo que se cingirá, e os fará assentar à mesa e, chegando-se, os servirá" (Lc 12,37). E ainda: "Isto é o sangue da Aliança, o qual é derramado por muitos. Com toda certeza, afirmo-vos, que não voltarei a beber do fruto da videira, até aquele dia em que beberei o vinho novo no Reino de Deus. E, depois de haverem cantado o hino, partiram para o monte das Oliveiras" (Mc 14,24-26). O Salmo 42(43) pede que Deus nos livre dos homens violentos e injustos, clamando para que a luz da verdade possa nos guiar ao monte santo e aos tabernáculos. O próprio Jesus Cristo nos ensinou que em qualquer lugar se adora a Deus em espírito e verdade (cf. Jo 4,21-24). Mas sabemos ser necessário um lugar de Teofania, onde a assembleia se reúne para louvar e agradecer ao seu Senhor. Estes lugares são os nossos templos, altares e santuários consagrados pelo Ritual da Dedicação das Igrejas. Daí o salmista exclamar profetizando: "Irei ao altar de Deus, o Deus da minha alegria e, com harpa o louvarei, meu Deus e meu Senhor" (Sl 43,4). O maior louvor que se pode prestar ao Pai é oferecer a ele o Sacrifício do Filho, o nosso Salvador, por isso que a ação litúrgica mais importante da Igreja é a Celebração Eucarística, que nos tira o abatimento da alma e já nos faz estar diante da face de Deus.

Cada Celebração Eucarística antecipa esse momento sublime do nosso encontro com o Criador, o Filho, o Espírito e a Virgem Maria, na Comunhão dos Santos. Por isso mesmo que o Prefácio se conclui convocando o povo de Deus a se unir aos anjos e santos para cantar o mesmo louvor.

Mas como chegarmos de coração puro ao santuário do Senhor, para estar em sua presença? Diz-nos o Salmo 14 que é aquele que caminha sem pecado e pratica a justiça com fidelidade; que tem sempre a verdade diante de seus olhos e é discreto no falar. Que não prejudica nunca o seu irmão, mas procura ajudá-lo; não se junta aos ímpios e honra o seu Senhor. Eis aqui o programa para lá habitarmos. Deus e o irmão nos conduzem ao verdadeiro santuário. O tempo atual nos é dado como trégua para aproveitarmos e corrermos atrás da meta, sem distrações; estar sempre com o Senhor.

Por isso que as nossas Missas deverão ser o ápice de toda a nossa oração, aliás, nossa participação só será de qualidade se tivermos uma frutuosa oração pessoal, ou seja, ter o Senhor sempre diante dos olhos, pautando a nossa vida pelos seus ensinamentos.

Como vimos, a Oração Eucarística é o núcleo da Missa, pois é nessa prece que o milagre da Transubstanciação se realiza através do mandato do Senhor aos Apóstolos; seus sucessores, os bispos e cooperadores, os presbíteros. A unção sacerdotal os capacita para agirem *"In Persona Christi"*.

Agora, conhecendo melhor todas as suas partes e significados, motivamos os nossos leitores a participarem das Celebrações Eucarísticas com mais entusiasmo e, como pediu o Concílio Vaticano II, de maneira plena, consciente, ativa e eficaz.

É importante ter sempre diante dos nossos olhos que Nossa Senhora está presente diretamente no interior de todas as Orações Eucarísticas, e indiretamente também, pois comungamos o Corpo e Sangue do nosso Salvador, gerado, integralmente, quanto à natureza humana, em seu ventre virginal e cheio de graça.

O Salmo 112 nos exorta a oferecer a Deus um sacrifício, do nascer ao pôr do sol. É, pois, a entrega do Filho ao Pai que atualizamos em toda Missa, por isso é uma fonte de graça para a Igreja inteira que louva e bendiz o seu Senhor. Bendito seja o nome do Senhor, agora e sempre e por toda a eternidade (cf. Sl 112,1).

Nosso Senhor Jesus Cristo sempre se preocupou em alimentar os famintos e, estando para realizar o seu Mistério Pascal, deixou-nos esse augusto Sacramento como memorial de sua presença na Igreja, para saciar o nosso espírito até a sua segunda vinda; portanto, o Senhor continua preparando a sua mesa para nós. Louvado seja Deus!

A Igreja realiza dia e noite esse memorial em seus altares, que são o próprio Cristo, por isso, subiremos sempre ao altar do Senhor, a fonte de alegria (cf. Sl 43,4).

HINO DO XVIII CONGRESSO EUCARÍSTICO NACIONAL

(Arquidiocese de Olinda e Recife –
12 a 15 de novembro de 2021)

Letra e música: Pe. Josenildo Nunes de Oliveira

Refrão: *Na terra dos Altos Coqueiros,*
canta, meu povo, que é festa!
E o pão em todas as mesas
a comunhão manifesta.

1.   O Senhor para o povo prepara
um banquete de fina iguaria.
Quando há sobre a mesa fartura,
resplandece, resplandece a Eucaristia.

2.   Somos Jerusalém acolhendo
eternal "Dom da paz" – profecia.
Na partilha seremos p'ra o mundo
estandarte, estandarte da Eucaristia.

3. Estaremos perante o Cordeiro!
Plenamente virá este dia:
a comermos do Pão celestial
junto à mesa, junto à mesa da Eucaristia.

4. Brotou veio de sangue na cruz:
remissão para nós! Quem diria
que no sangue do irmão derramado
se realiza, se realiza a Eucaristia.

5. Os cristãos terão tudo em comum,
partilhando em plena alegria.
O Senhor confirmando a Igreja:
templo vivo, templo vivo da Eucaristia.

6. Jogaremos na terra as sementes
da Palavra, da sabedoria.
E seremos Igreja em saída
pelo amor aos irmãos, pela Eucaristia.

HINO DO XVIII CONGRESSO EUCARÍSTICO NACIONAL
Arquidiocese de Olinda e Recife
12 a 15 de novembro de 2021

Refr.: Na Terra dos Altos Coqueiros,
canta, meu povo, que é festa!
E o pão em todas as mesas
a comunhão manifesta.

1. O Senhor para o povo prepara
um banquete de fina iguaria.
Quando há sobre a mesa fartura,
resplandece, resplandece a Eucaristia.

2. Somos Jerusalém acolhendo
eternal "Dom da paz" – profecia.
Na partilha seremos p'ra o mundo
estandarte, estandarte da Eucaristia.

3. Estaremos perante o Cordeiro!
Plenamente virá este dia:
a comermos do Pão celestial
junto à mesa, junto à mesa da Eucaristia.

4. Brotou veio de sangue na cruz:
remissão para nós! Quem diria
que no sangue do irmão derramado
se realiza, se realiza a Eucaristia?

5. Os cristãos terão tudo em comum,
partilhando em plena alegria.
O Senhor confirmando a Igreja:
templo vivo, templo vivo da Eucaristia.

6. Jogaremos na terra as sementes
da Palavra, da sabedoria.
E seremos Igreja em saída
pelo amor aos irmãos, pela Eucaristia.

ORAÇÃO DO XVIII CONGRESSO EUCARÍSTICO NACIONAL

Ó Salvador do Mundo,
no deserto, Deus Pai alimentou o povo com o maná
e preparou na sua bondade uma mesa para o pobre.
Fazei que, neste Congresso Eucarístico Nacional,
ao celebrarmos o mistério da Palavra
que se fez carne e Pão da vida,
vivamos em vós a comunhão
e a partilha de nosso pão de cada dia,
para que não haja necessitados entre nós.
Vós, cheio de compaixão, tomastes o pão,
destes graças e o distribuístes à multidão com fome.
E, para permanecer entre nós o sacrifício da Nova Aliança,
na última ceia, mandastes que o celebremos
em memória de vós.

Concedei-nos que, ao participar do banquete
do vosso Corpo e do vosso Sangue
e adorando vossa presença na Eucaristia,
continueis a vossa ação, em nós e através de nós,
para que haja pão em todas as mesas.
À luz do Espírito Santo, pelo qual realizais hoje
o memorial da vossa Páscoa na Igreja,
façamos a opção evangélica pelos pobres,
como consequência da fé
que age pela caridade,
e, saiamos, com a Virgem Maria,
proclamando que Deus saciou de bens os famintos,
oferecendo a todos a vossa vida,
pelo anúncio alegre do Evangelho. Amém.[1]

---

[1] Disponível em: <https://cen2020.com.br/wp-content/uploads/2019/01/oracao-
-cen2020.pdf>. Acesso em: 05/09/2019.

Rua Dona Inácia Uchoa, 62
04110-020 – São Paulo – SP (Brasil)
Tel.: (11) 2125-3500
http://www.paulinas.com.br – editora@paulinas.com.br
Telemarketing e SAC: 0800-7010081